DER TROTZPHASEN-SURVIVALGUIDE

Anja Bagus | Nina Weber

DER TROTZPHASEN-SURVIVALGUIDE

Notfall-Tricks für Eltern mit Kindern zwischen 2 und 5

Kösel

Verlagsgruppe Random House FSC® N001967
Das für dieses Buch verwendete FSC®-zertifizierte Papier
Profibulk liefert Igepa.

Weitere Informationen zu diesem Buch und unserem
gesamten lieferbaren Programm finden Sie unter
www.koesel.de

INHALT

VORWORT

Liebe Eltern,

Ihr süßes Kind kann endlich laufen, vom Löffel essen und schon die ersten Worte brabbeln. Darauf haben Sie so lange gewartet, jeden Schritt mit der Foto- und Videokamera dokumentiert und dann … unerwartet, über Nacht verwandelt es sich in ein Wutmonster. Tobsuchtsanfälle beim Einkaufen? Zerstörungswut im Kinderzimmer? Herzlichen Glückwunsch! Das Trotzalter hat begonnen.

Mit diesem Buch wollen wir Ihnen durch diese schwierige Zeit helfen. Unser Augenmerk liegt dabei meist auf Ihnen: Denn wenn Sie vor lauter Stress keinen klaren Gedanken mehr fassen können oder sich nicht mehr erinnern, wann Sie das letzte Mal die Badewanne außer beim Putzen gesehen haben, dann werden Sie auch bei einem Trotzanfall nicht entspannt sein. Wenn wir selbst uns gut fühlen, sind wir bessere Eltern. Und je gelassener Sie einen Tobsuchtsanfall ertragen und je geschickter Sie ein Machtspielchen im Griff haben, desto weniger Schrecken hält die Trotzphase für Sie bereit.

Schnelle Hilfe bei Wut-Alarm finden Sie in den SOS-Tipps für typische Schrecksituationen (Kapitel 3) und im Trotzmonster-Almanach (Kapitel 2). In Kapitel 4 haben wir viele praxiserprobte Tipps gepackt, damit Sie den Alltag meistern.

Noch ein Wort zur Anrede: Wir haben dieses Buch für Mütter und Väter geschrieben, verwenden in den meisten Fällen aber die weibliche Form – beide Varianten zu benutzen, würde den Text unnötig aufblähen. Väter sind immer explizit mitgemeint; genauso wie jede andere enge Bezugsperson eines Kindes in der Trotzphase, die dieses Buch liest.

Egal, welches Geschlecht ein beispielhaft beschriebenes Kind hat: Es sind immer Mädchen wie Jungen gemeint. Einzige Ausnahme: dort, wo es konkret um Geschlechterunterschiede geht.

Wir haben die Beispiele, die nur eine von uns beiden schildert, mit Namen gekennzeichnet (Anja bzw. Nina).

Seien Sie unverzagt: Sie haben das tollste und vielversprechendste Kind auf Erden – nur über Nacht scheinen Trolle es durch ein Trotzmonster ersetzt zu haben. Wir haben dieses Buch geschrieben, damit Sie ein gelassener Trotzmonster-Dompteur werden und Ihr Kind auch in dieser schwierigen Phase genießen können, in all seiner Kreativität, Witzigkeit und Individualität.

Ihre
Anja Bagus / Nina Weber

ERZIEHUNG IN DER TROTZPHASE

Dieses Kapitel ist für die Momente, in denen Sie in Ruhe etwas lesen können. Hier erfahren Sie, wie ein simpler Küchenwecker Ihre Nerven und die Ihres Kindes schonen kann, wieso Eltern reden und Kinder »Rhabarber« verstehen und was einen Trotzanfall vom Machtspiel unterscheidet.

Was ist Trotz?

Kennen Sie die amerikanische Serie »Ally McBeal«? Die Hauptperson, eine neurotische Anwältin, hat in manchen Situationen eine Eigenart: Sie stellt sich vor, was sie gern wirklich mit den Leuten machen würde, mit denen sie gerade zu tun hat. Wenn ihr jemand beispielsweise auf die Nerven geht, dann sieht man, dass sie diese Person mit einem riesigen Hammer verhauen oder ihr einen Eimer Wasser über den Kopf gießen möchte …

Was ist so anziehend daran? Jeder von uns hat solche Gedanken – mehr oder weniger ausgeprägt. Sie wurden uns aber aberzogen. Sich so zu verhalten ist nicht korrekt, man geht so nicht miteinander um. Es gibt ungeschriebene Regeln, die wir (fast) alle befolgen.

Wir tun das, weil unsere Gesellschaft so funktioniert. Im Laufe der Zeit haben wir uns auf diese notwendigen Regeln geeinigt. Genau darum empfinden wir den Bruch dieser Regeln als schlimm und störend. Komiker nutzen das für ihre Auftritte: Sie brechen bewusst Tabus, um einen Lacheffekt zu erzielen. Und wir beobachten diesen Regelbruch mit einer Mischung aus Scham und Glück.

Trotz aus Sicht der Entwicklungspsychologie

Was hat das mit Trotz zu tun? Das Kleinkind hat noch keine Ahnung von unseren Regeln. Es ist noch so, wie es genetisch und evolutionär programmiert wurde.

Die Evolution ist aber wie eine kaltschnäuzige Mutter, die diejenigen belohnt, die sich nehmen, was sie brauchen. Das Überleben war in der Frühzeit des Menschen schwierig. Es war nicht möglich, ein Kind so zu versorgen, wie das heute geschieht. Kinder überlebten am besten, wenn sie sich auch um sich selbst kümmerten. Dasjenige, welches am meisten Essen ergattern konnte, hatte die besseren Chancen. Da ging es nicht um Umgangsformen.

Wer am lautesten schreien konnte oder am schnellsten zugriff, überlebte.

Es ist also evolutionär notwendig, eine gewisse Entwicklungsspanne lang egozentrisch zu sein. Da wir aber in Gruppen leben (was für das Überleben ebenfalls sinnvoll ist), die sich stetig vergrößerten, wurden immer komplexere Regeln notwendig, um eine solche Gemeinschaft funktionsfähig zu halten. Und das geht nun mal nicht, wenn wir alle laut schreien und hamstern! Die Trotzphase der Kinder ist der Übergang zwischen dem Egozentriker, der geboren wird, um zu überleben, und dem Mitglied einer Gemeinschaft, die sich durch Regeln definiert. Es ist ein Übergang, der nicht einem genetisch festgelegten Programm folgt. Denn diese Regeln sind ein Produkt von Zivilisation. Das heißt die Regeln sind uns nicht angeboren, wir alle müssen sie lernen.

Die Regeln zu lernen tut weh. Nicht im Sinne von körperlichen Schmerzen (obwohl das Geschrei mancher Kinder das vermuten lassen könnte), sondern der Lernprozess bietet viel Raum für Unverständnis und Frustration.

Kinder begreifen zunächst den höheren Zweck von Regeln noch nicht. Die Reaktion ist Trotz – der sich je nach Temperament des Kindes unterschiedlich ausdrückt. Wichtig für Sie als Eltern ist es, zu verstehen, dass sich die Wut und Frustration nicht gegen Sie richtet. Sie richtet sich gegen die Regeln.

Die Regeln erlauben es Ihrem Kind aber, ein funktionierender Teil der Gesellschaft zu werden. Es nützt also nichts, wenn Sie versuchen, Ihrem Kind den Frust zu ersparen. Sie verlagern damit nur das Problem, denn früher oder später müssen Sie das Kind ins Leben entlassen – und die Gesellschaft verzeiht Regelbruch nicht lange. Die einzige Lösung wäre ein Leben außerhalb der Gesellschaft – das ist auf dieser Welt aber schwierig.

Also betrachten Sie diese anstrengende Zeit als Ihren Beitrag zur Zivilisation. Unter Ihrer Führung wird aus dem Egozentriker jemand, der die wichtigen Werte einer Gesellschaft leben kann: Toleranz, Mitgefühl, Teilen-Können.

Was passiert beim Trotzanfall?

Das Kind erobert sich die Welt schrittweise. Zunächst ist seine Welt beschränkt auf die simpelsten Funktionen: essen, verdauen, schlafen. Und die einfachsten Empfindungen: Wärme, Geborgenheit oder das Fehlen davon, Hunger, Kälte, Schmerz.

Mit dem Erwachen der Sinne nimmt das Kind immer mehr von der Welt wahr. Es empfindet sich noch nicht getrennt von der Welt, es ist der Mittelpunkt. Alles in der Welt existiert nur, weil das Kind es wahrnimmt – was es nicht wahrnimmt, existiert also nicht. So erweitert und vergrößert sich die Welt zusammen mit dem Wachsen des Kindes.

Wenn das Kind laufen lernt, vergrößert sich sein Radius. Es kann die Welt nun tatsächlich schrittweise erobern und gerät schnell an Grenzen. Diese Grenzen entste-

hen einerseits aus dem Nicht-Können (das Kind kann einfach manche Dinge noch nicht, die es aber so gern möchte) und dem Nicht-Dürfen (die Grenzen, die die Erwachsenen setzen).

Das Reiben an diesen Grenzen erzeugt Frustration – und die muss sich entladen. Das ist wie bei einem Gewitter: Aus der Reibung der Luftmassen folgen Blitz und Donner. Und so, wie der Blitz unaufhaltsam ist, so ist auch der Trotzanfall einfach unaufhaltsam! Alle guten Wünsche und Ablenkungsversuche, alle Worte und Taten sind letztlich nutzlos. Ist einmal genug Potenzial aufgebaut, muss immer eine Entladung stattfinden. Danach ist eine deutliche Entspannung, aber auch Erschöpfung bei den Kindern zu beobachten.

Was kann ich bloß tun?

Ganz wichtig: Echte Trotzanfälle sind keine Machtkämpfe! Das Kind trotzt nicht, um Sie zu testen oder etwas zu erreichen! Trotz entsteht im Gehirn. Ein Kleinkind muss erst lernen, Frustrationen auszuhalten. Es muss damit klarkommen, dass Bedürfnisse nicht sofort erfüllt werden. Das ist Lernarbeit für das Kind, die sich in »Anfällen« ausdrückt. Erst wenn dieser Lernprozess abgeschlossen ist, kann das Kind seine Bedürfnisse hinten anstellen, ohne dass es zum Funkenflug kommt.

Für den Erwachsenen gilt es also, diese Trotzanfälle nicht persönlich zu nehmen. So unschön sie auch sein können: Sie sind ein Ausdruck der Reifung. Schaffen Sie es, das in den Vordergrund zu stellen, so können Sie den Ärger darüber auch besser verarbeiten – weil es ja nicht mehr gegen Sie persönlich geht. Erinnern Sie sich immer an das Bild des Gewitters: Wie bei einem Gewitter ist es das Sinnvollste für uns Eltern, uns bei einem Trotzanfall als Zuschauer zu verstehen, die erst mal abseits Schutz suchen und abwarten, bis es vorüber ist.

Das sagt sich natürlich leichter, als es ist. Deshalb möchte dieser Ratgeber Ihnen Tipps geben, wie Sie mit Ihren Gefühlen dem trotzigen Kind gegenüber umgehen können. Denn diese Zeit ist schwierig für alle Bezugspersonen eines Kindes. Es ist sehr hart, den Kampf des Kindes »tatenlos« mitanzusehen. Wir möchten unsere Kinder beschützen und glücklich sehen – das ist heute mehr der Fokus von Eltern als jemals zuvor in der Menschheitsgeschichte.

Aber wir Erwachsenen haben vergessen, in welch einem langen Prozess wir selbst Frustrationstoleranz gelernt haben. Die Kinderpsychologin Jirina Prekop betont, wie wichtig es ist, dass ein Kind sich bei einem Trotzanfall (so lange keine Menschen darunter leiden müssen) allein ausleben darf. Denn nur dann lerne es, dass es ihm möglich ist, eine Krise aus eigenen Kräften durchzustehen und dass man Frust aushalten kann. Es sei kontraproduktiv, wenn die Eltern jedesmal durch Ablenken oder Trösten versuchen, dem Kind während seines Trotzanfalls beizustehen.

Frustrationstoleranz heißt aber noch mehr. Wir Erwachsenen haben (mehr oder weniger) gelernt, unsere negativen Gefühle, die bei der Reibung zwischen unseren Wünschen und der Realität entstehen, zu kontrollieren. Jeder tut das auf seine eigene Art und Weise – der eine ändert seine Wünsche, der andere ändert seine Realität. Einer ist dabei aktiver, einer passiver. Den Zustand, wenn Wunsch und Realität deckungsgleich sind, empfinden wir als Glück.

Aber wenn Glück nur erreicht werden kann, wenn Wunsch und Realität deckungsgleich sind, dann kann Glück auch nur in einem selbst entstehen! Wir können unseren Kindern nur helfen, indem wir ihnen vorleben, wie man seine Wünsche wahr macht beziehungsweise reguliert.

Wenn wir dem Kind alle Wünsche erfüllen, wird es immer einen unrealistischen Anspruch an die Welt haben. Und was passiert, wenn wir oder andere diese Wünsche nicht mehr erfüllen (können)? So weh es auch tut, Sie tun dem Kind etwas Gutes, wenn Sie nicht alle seine Wünsche erfüllen und ihm nicht die Welt anpassen.

Aus der elterlichen Haltung wächst die des Kindes

Es geht in diesem Buch um Sie – um Ihre Gefühle, und wie Sie damit fertig werden, dass Ihr Kind kurzzeitig unter Wut und Frust leidet.

Bedenken Sie:

- Sie sind nicht schuld daran!
- Sie können es nicht ändern!
- Es ist wichtig, dass Sie Trotz zulassen!
- Seien Sie in Ihrer Haltung sicher und konsequent!

Abschaltmethoden für Eltern

So können Sie sich ablenken, während Ihr Kind herumflippt:

✔ **Yoga-Kurzübungen**
✔ **lesen** (mit eBook oder spannendem Roman in der Tasche sind Sie auch unterwegs gut gerüstet). Guter Nebeneffekt: Das Auge hat laut Untersuchungen der Uni Jena »Vorfahrt« vor dem Ohr; Sie nehmen das Geschrei des Kindes nicht mehr so verstörend grell wahr.
✔ **langsam ein Glas Wasser trinken** – am besten mit Rescue-Bachblüten-Tropfen (gibt es auch als Rescue Bonbons)
✔ **Musik hören** mit In-Ear-Kopfhörern (alternativ: leise singen) – beides nicht zu auffällig, sonst könnte Ihr Kind das als Herausforderung verstehen, besonders aufzudrehen, damit Sie es endlich »erhören«
✔ **ein kurzes Spiel auf dem Handy**
✔ **Aggression ausleiten per Händewaschen**: siehe Seite 116

Ihre Haltung wird bestimmt von der Vision, die Sie von Ihrem Kind haben. Wenn Sie über Ihr Kind nachdenken, wenn Sie Ihrem Kind Wünsche für die Zukunft mitgeben sollten, was würden Sie dann wünschen? Nach Gesundheit steht oft Glück ganz weit vorne auf der Wunschliste. Aber auch solche Dinge wie Erfolg, Zufriedenheit, Harmonie, Selbstbewusstsein. All dies kann Ihr Kind nur erreichen, wenn es sich sicher im inneren und äußeren Rahmen seines Lebens bewegen kann. Wenn es mit seinen Gefühlen sich selbst und der Umwelt gegenüber umgehen kann. Wenn es seine Wünsche realistisch formuliert und stark genug ist, um die Realität zu seinen Gunsten zu verändern.

Das bedeutet, es hängt von Ihnen ab: Wenn Sie stark sind, kann Ihr Kind es auch sein. Wenn Sie konsequent sind, kann Ihr Kind sich daran orientieren. Sie müssen davon überzeugt sein, das Richtige zu tun. Aus dieser Sicherheit heraus gewinnen Sie Ruhe und Kraft, die Ihr Kind nach und nach bei Ihnen abschaut.

Auch wenn Sie zunächst unsicher sind, werden Sie bald feststellen, wie erleichtert Kinder manchmal sind, wenn sie einem konsequenten Erwachsenen gegenüberstehen. Sie empfinden weniger Stress und wissen sich innerhalb der Grenzen gut aufgehoben.

... und was ist ein Machtspiel?

Trotz passiert – er bricht über das Kind herein wie ein Unwetter. Testet das Kind seinen Willen ganz ohne Trotzgewitter im Kopf, dann ist das ein Machtspiel. Es hat in der Vergangenheit gelernt: »Ich bekomme die Aufmerksamkeit, die ich will, oder das Ding, um das ich bitte – ich muss nur richtig Dampf machen.«

Warum Machtspiele?

Der Egozentrismus des Kindes wird nur langsam abgebaut. Es lernt erst mit etwa drei Jahren die Dinge auch mal aus einer anderen Perspektive zu sehen. Vorher sind alle Appelle an das Mitgefühl sinnlos.

Das Kind wird an Ihrer Seite mit dem Älterwerden von einem Nehmenden zu einem Mitarbeitenden. Es lernt, dass man nicht immer bedingungslos verlangen kann, sondern auch »Leistung« erbringen, kooperieren muss. Aber das Kind wird seinen Status nur widerwillig Stück für Stück abtreten. Da fangen dann die Machtkämpfe an. (Natürlich gibt es auch Ausnahmen: Kinder, die schon früh gern aufräumen oder den Sinn von Übungen und Regeln verstehen.) Diese Phase, die Ihnen auch reizende Szenen bescheren kann, nennt man »egozentrische Empathie«: Das Kind beginnt, empathisch zu handeln. Aber es kann sich zunächst nur Trost vorstellen, den es selbst als angenehm empfindet: Ihr Kind reicht Ihnen beispielsweise seinen Schnuller, wenn Sie weinen.

Trotzanfall oder Machtspiel?

Oft fällt es schwer, zwischen einem echten Trotzanfall und einem Machtspiel zu unterscheiden. Um Ihnen die Unterscheidung zu erleichtern, haben wir im nächsten Kapitel ab Seite 31, sofern es möglich war, einem »echten« Trotztyp ein diesem ähnliches Machtspiel gegenübergestellt.

Erfahrungsgemäß liegen wir Eltern gern mal daneben, wenn es um die Bewertung des »Wutverhaltens« unserer Kinder geht. Das hängt ab vom Verhalten des Kindes und auf welche Eltern dieses Verhalten trifft. So wird die Heulboje häufig als Machtspiel bewertet (»er heult, um seinen Willen zu bekommen«), obwohl er seinem Weinen ausgeliefert ist. Die Sirene hingegen bekommt die gewünschte Aufmerksamkeit »denn das arme Kind kann ja nicht anders, es steckt mitten in der Trotzphase«, obwohl sie mit Kalkül voll aufdreht.

Bei fremden Kindern fällt es uns leichter, Verhalten als Machtspiel zu diagnostizieren. Scheuen Sie sich nicht, Freunde oder einen guten Kinderarzt um Hilfe zu bitten, damit Sie entschlüsseln können, wieso Ihr Kind tut, was es momentan tut. Denn wie Sie am besten reagieren, richtet sich danach, ob es ein Machtspiel oder ein echter Trotzanfall ist.

Mögliche Unterscheidungen von Trotzanfall und Machtspiel:

- Sind die Kinder danach sehr ausgepowert, müde und anschmiegsam, war es wahrscheinlich ein echter Trotzanfall.
- Kann ein Kind währenddessen logisch mit Ihnen argumentieren, ist es eher ein Machtspielchen.
- Der echte Trotzer ist in einer Endlosschleife gefangen und wiederholt oft sinnlos immer die gleichen Argumente, während der kleine Machiavellist immer neue Argumentationen aus dem Hut zaubert.
- Während eines Machtspielchens wird selten selbstverletzendes Verhalten vorkommen.
- Ein Machtspiel hat ein wohldefiniertes Ziel, während ein Trotzanfall auch aus heiterem Himmel heraus passieren kann (dann oft durch Müdigkeit und Überforderung).
- Während eines Machtspiels hören die Kinder, was man sagt, und reagieren darauf. Bei einem Trotzanfall kann man auch laut schreien, sie nehmen meist nicht wahr, dass man spricht. Auch Augenkontakt ist eher beim Machtspiel möglich.

Mögliche Verhaltensweisen:

- War es ein echter Trotzanfall, wird Ihr Kind Ihnen dankbar dafür sein, wenn Sie danach nicht noch eine Stunde auf seinem Verhalten rumreiten. Endloses Durchkauen in Form von »Warum hast du das getan?« überfordert es. Denn genau das ist ja die Krux: Es weiß nicht, warum es trotzt, und es ist ihm auch nicht angenehm.
- War es ein Machtspielchen, dann sollten Sie Einhalt gebieten und klarmachen, dass Sie ein solches Verhalten nicht dulden. Erklären Sie sich nicht zu lange; Sie haben das Recht, zu verbieten! Natürlich hat Ihr Kind für vieles in der Welt Erklärungen verdient, aber manche Dinge sind zu selbstverständlich, zu grundlegend. Und in der Beziehung zwischen Eltern und Kind sollten die Eltern die Hosen anhaben, sonst fühlt das Kind sich nicht beschützt (siehe Seite 51).

Trotz braucht Vertrauen

Ein trotzendes Kind kann noch so aufgebracht, aggressiv oder bockig sein, es liebt Sie trotzdem mit jeder Faser seines Wesens. Ihre Tochter oder Ihr Sohn würden es nicht wagen, die momentanen Gefühle dermaßen vehement auszudrücken, wenn das Vertrauen und die Liebe zu Ihnen nicht so sicher und tief verankert wären! Erwidern Sie das Vertrauen, indem Sie den Wutanfällen sichere Grenzen setzen, ohne Ihr Kind an sich infrage zu stellen.

Wer kämpft da eigentlich?

Machtkämpfe treten häufig in Situationen auf, in denen Ihre Interessen auf die des Kindes prallen. Und Machtkämpfe verstören uns, da man den Kindern tatsächlichen, unmoralischen Machthunger unterstellt. Das ist aber wie der Katze das Mäusefangen vorzuwerfen. Katzen können nicht anders.

Der Machthunger ist auch ein Überlebensmechanismus. Die meisten von uns wollen »Erster« sein. Was auch immer unsere Ziele sind (Geld, Ruhm, Glück), wir suchen eine geeignete Strategie, um sie zu erreichen. Dass sie ihre Ziele realisieren können, wünschen wir auch unseren Kindern. Und bedenken nicht, dass sie genau das von und mit uns lernen! Das bedeutet, die Art, wie Sie den Machtkampf mit Ihrem Kind führen – oder ihm ausweichen – prägt fürs Leben!

Das Spiel lernen wir als Kinder

In der Transaktionsanalyse (TA) werden die komplexeren Interaktionen zwischen Menschen als »Spiele« bezeichnet. Mitte des 20. Jahrhunderts zeigte Eric Berne, der Begründer der Transaktionsanalyse, dass wir die Art, wie wir mit anderen Menschen umgehen (also unsere Art zu »spielen«), schon in der Kindheit lernen. Oft ist uns gar nicht bewusst, dass wir wie ein Glücksspieler immer wieder den Hebel des »Einarmigen Banditen« nach unten ziehen, auch wenn der keinen Gewinn ausspuckt. Ein gutes Beispiel sind Ehepaare, die sich seit Jahren um das Gleiche streiten, und gar nicht mehr wissen, warum.

Es ist ein »Spiel«, bei dem der Gewinn auf den ersten Blick nicht sichtbar ist. Schaut man aber dahinter, so lässt sich erkennen, was die Gewinne für den Einzelnen sind. Und genau da können wir ansetzen. Es ist wie in den meisten Spielen: Man liest die Regeln (in unserem Fall: Wir machen uns klar, worum es wirklich geht in dem Machtspiel), man spielt nach den Regeln – und einer oder mehrere gewinnen. Der Gewinn im Fall des bewusst geführten Machtspiels ist die zuvor festgelegte Belohnung.

Wer will hier was?

Wenn Sie ein Machtspiel von jetzt an anders spielen wollen, handeln Sie immer zielorientiert. Fragen Sie sich: Was möchten Sie *wirklich* erreichen? (Siehe auch »Deine Grenzen, meine Grenzen«, Seite 113, und »Das tut man nicht«, Seite 137.)

Setzen Sie sich Maßstäbe: Womit wären Sie als Minimum zufrieden? Was wäre toll?

Formulieren Sie das Ziel als Ich-Botschaft und immer positiv, nicht negativ. Zum Beispiel: Das Ziel ist nicht »Mein Kind soll um 20.15 Uhr im Bett verschwunden sein« sondern: »Ich möchte um 20.15 Uhr Feierabend haben«.

Nicht: »Mein Kind soll andere Kinder nicht mehr mit der Schaufel hauen«, sondern »Ich möchte jetzt und in Zukunft ein Kind, mit dem ich gerne auf Spielplätze gehe«.

Was ist der Gewinn des Spiels?

Die Belohnungen, die ein Kind durch Machtausübung bekommt, müssen durch andere Belohnungen ersetzt werden. Nachdem Ihr Wunsch klar formuliert ist, schauen Sie, wie die Lösung aussehen kann. Was kann Ihr Kind tun, um die Anforderung zu erfüllen? Und was »bekommt« es dafür? Das kann im Falle Ihres »Feierabends« einfach bedeuten, dass das Kind sich im Kinderzimmer beschäftigt, bis es müde genug zum schlafen ist (siehe unten). Die Selbstwirksamkeit und die stille Beschäftigung sind in diesem Fall Belohnung genug! Tatsächlich ist es bei vielen Machtspielchen mit Kind so, dass die Situation an sich die Belohnung schon in sich trägt und keine »externe« Belohnung wie Wertmarken, Süßigkeiten etc. erfordert.

Beispiele für Machtspiele

Fragen Sie nach dem Gewinn für beide Seiten:

Machtspiel Einkaufen: Auf welchen Gewinn sind beide Seiten aus? Das Kind möchte etwas bekommen, der Elternteil möchte keinen nutzlosen Quatsch kaufen. Die Abmachung, den Gewinn für das Kind zunächst durch ein abstraktes Symbol (eine Marke, ein Smiley) zu ersetzen, um dann etwas »Gutes« zu kaufen, befriedigt beide Parteien. Nutzen: Das Kind lernt Frustrationstoleranz und Konsumverhalten.

Machtspiel Schlafen: Das Kind möchte einen längeren Tag haben; braucht weniger Schlaf; möchte einfach noch nicht loslassen. Die Eltern möchten endlich ihren Feierabend genießen – ohne Kind. Die Abmachung, dass das Kind noch eine Weile wach bleiben darf, sich aber ruhig und im Bett beschäftigt, gibt ihm die Möglichkeit loszu-

lassen. Nutzen: Das Kind lernt, sich selbst zu regulieren, es ist stolz, etwas allein entscheiden zu können.

Machtspiel Star / Diva: Das Kind möchte bestimmen, im Mittelpunkt stehen. Die Eltern möchten bestimmen und gewisse Regeln durchsetzen. Geben Sie dem Kind das Gefühl, einige Dinge bestimmen zu können, aber Sie treffen die letzten und wichtigen Entscheidungen. Nutzen: Das Kind gewöhnt sich an Regeln, bekommt aber das Gefühl, dass seine Meinung etwas wert ist.

Autoritär oder Laisser-faire? Die Machtfalle

Vorsicht: Je deutlicher Sie Ihre Macht ausspielen, umso schmackhafter machen Sie sie Ihrem Kind! Es möchte auch so mächtig sein wie Sie. Wenn Sie dann noch mal »nachlegen«, um es im Kleinkindalter zu unterdrücken, brechen Sie seinen Willen oder es wird irgendwann vehement aufbegehren (und zu Recht). Es ist also eine Gratwanderung! Im wissenschaftlichen Jargon ist das der Unterschied zwischen autoritärer und autoritativer Erziehung. Eine autoritäre Erziehung bestimmt einfach; der empfehlenswertere autoritative Stil lässt Diskussionen vor Entscheidungen durchaus zu. Das Kind soll nicht überfordert werden, aber kann in einem gewissen Rahmen mitbestimmen.

Was ist der Kurs, den Sie mit Ihrem Kind fahren möchten? Lassen Sie sich dabei bitte von Ihrem Bauchgefühl leiten und nicht von der neuesten Wissenschaft. Die Wissenschaftler können gern mal eine Woche bei Ihnen zuhause wohnen! Natürlich soll man auf dem Laufenden bleiben, was es an neuen Erkenntnissen über die kindliche Entwicklung gibt – aber was heute der Weisheit letzter Schluss ist, ist morgen oft genug kalter Kaffee. Basteln Sie die Regeln für Ihre Familie passgenau! Lassen Sie sich Hintertürchen und Lücken, um flexibel zu bleiben.

Wirkt wie Magie: Vom Einsatz des Kurzzeitweckers

Locker bleiben, wenn das Kind gerade total ausrastet? Konsequent sein, wenn es einen beschimpft? Die Strafe wirklich der Schuld angemessen verhängen? In einer akuten Trotz- oder Wutsituation ist das unendlich schwer.

Ein Beispiel: Sie sind irgendwo zu Besuch und versuchen, mit anderen Erwachsenen ein Gespräch zu führen. Und werden ständig unterbrochen. Das Kind benimmt sich schlecht. Sie ignorieren es eine Weile, in der Hoffnung: »Das gibt sich von allein.« Irgendwann haben Sie das Gefühl: »Die anderen denken bestimmt, ich soll doch mal durchgreifen.« Also sprechen Sie die ultimative Drohung aus: »Wenn du jetzt nicht aufhörst, gehen wir nach Hause!« Und da man ja konsequent sein muss, gehen Sie auch kurz darauf. Wer wird hier aber bestraft? Das Kind sicher nicht, nur der Erwachsene, der zu Hause wieder isoliert mit dem Kind seine Wut über die Situation in sich hineinfrisst.

Während das Kind trotzt, ist der Erwachsene einem Wechselbad der Gefühle ausgesetzt. Einerseits kann er das Kind überhaupt nicht verstehen und möchte dieses Verhalten so schnell wie möglich abstellen, andererseits weiß er natürlich, dass Trotz und Machtspielchen wichtig sind.

Kurzzeitwecker während eines Trotzanfalls oder Machtspiels

Kinder haben noch kein Zeitgefühl; auch Erwachsene tun sich manchmal schwer damit. Und ein fünfminütiger Trotzanfall kann sich zu gefühlten Minuten dehnen. Ein Kurzzeitwecker ermöglicht Nachdenkzeit. Mit ihm steht uns ein unbeeinflussbarer Schiedsrichter zur Seite, der es uns und dem Kind erlaubt, uns zu beruhigen.

Warum ist ein Kurzzeitwecker so eine große Hilfe? Und warum sollen Sie nicht einfach streiten, bestrafen und zum Tagesgeschäft übergehen? Die Situation, das Trotzen, ist aus einer Interaktion zwischen Ihnen und dem Kind entstanden. Und die muss auch zwischen Ihnen beiden gelöst werden.

Beispiel: Das Kind will malen und breitet sich auf dem Tisch aus. Sie möchten aber, dass zunächst eine Unterlage darunter gelegt wird, damit der Tisch nicht verdreckt. Das Kind antwortet auf diese Erwartung mit einem Wutanfall, bei dem alle Stifte und Blätter durch den Raum fliegen. Eine wunderbare Gelegenheit, sich zu streiten!

Stattdessen stellen Sie den Kurzzeitwecker auf drei Minuten und warten ab. Keiner sagt etwas; falls das Kind es versucht, verweist man darauf, dass die Nachdenkzeit noch nicht abgelaufen ist. Ist die Zeit dann vorüber, kann man testen, ob das Kind ansprechbar ist. Falls nicht, verlängert man die Zeit.

Sie haben in dieser Zeit die Möglichkeit, sich eine angemessene Strategie auszudenken, wie Sie aus dieser Situation herauskommen und das Kind gleichzeitig etwas lernt. Im besten Falle verabreden Sie mit Ihrem Kind, gemeinsam aufzuräumen und den Platz zum Malen herzurichten. Natürlich kann das Kind auch alleine aufräumen, das kommt auf das Alter und das Ausmaß des Schadens an.

Hatten Sie das Kind nach einem heftigen Streit auf sein Zimmer geschickt, hätten Sie allein aufräumen müssen, und die »Lektion« fürs Kind wäre gewesen, dass Malen (kreativ sein) schwierig und unangenehm ist.

So geht's

Das Rezept ist ganz leicht: Nehmen Sie einen Küchenwecker, eine Sanduhr oder Ähnliches – Hauptsache, die Uhr zählt die Zeit für das Kind sichtbar runter. Schön ist zum Beispiel ein digitaler Tea-Timer mit großen Zahlen. Es kann (besonders unterwegs) auch eine iPod-, iPad- oder Handy-App sein – ebenfalls mit großen Zahlen und nicht mit Anzeige der Hundertstel-Sekunden, sonst wird das Kind beim Hinschauen ganz wirr.

Je jünger das Kind, desto kürzer die eingestellte Zeit. Und für die ersten Versuche

wird die Zeit sehr kurz eingestellt – Sie können immer noch »nachlegen«. Versuchen Sie es erst einmal mit einer Minute; schon die kann recht lang sein.

Die Regeln – die Sie in einer ruhigen Minute vorher erklären und besprechen sollten:

- »Die Zeit, während der Wecker läuft, nennen wir Nachdenkzeit.«
- »In dieser Zeit wird nicht reagiert.« Als Erwachsener sagen Sie wenig. Egal, was das Kind tut oder sagt, Sie verweisen darauf, dass abgewartet wird, bis der Wecker sich meldet.
- »Keiner verlässt den Schauplatz.« Man darf auf Distanz gehen, aber sich der Situation nicht entziehen. Haben Sie einen stummen Druckser, kann es schon mal recht lang dauern, bis wieder Kommunikation möglich ist. Laden Sie sich für solche Gelegenheiten ein spannendes e-Book aufs Handy oder packen Sie ein Buch ein. Ja, Lesen ist erlaubt, wenn Sie es vorher festgelegt haben. Sonst kann die Spannung für Sie zu groß werden.
- »Ist die Zeit vorüber, versuchen wir, eine Lösung zu finden. Ist einer von uns beiden noch nicht so weit, können wir die Zeit verlängern.« Wichtig dabei ist, dass wirklich beide Parteien etwas zu dem Thema sagen. Erwachsene neigen dazu, viel zu reden, um dem Kind etwas klarzumachen. Manchmal ist das den Kindern aber schon längst klar, sie kommen nur nicht dazu, das zu sagen oder können es nicht ausdrücken.

- Dem Kind müssen Sie das vermutlich nicht sagen, aber sich selbst: Wenn der Anfall vorüber ist, darf man nicht mehr »böse« sein.

Wenn Sie diese Regeln einhalten, dann gibt es einerseits für das Kind einen verlässlichen Rahmen – es weiß: »Auch wenn ich ausflippe, werde ich dennoch geliebt und es kann alles gut werden.« Ihnen gibt es die Möglichkeit, das Beste aus diesen Situationen zu machen und sie vielleicht sogar »pädagogisch wertvoll« zu nutzen.

Aber bedenken Sie: Eltern sind auch nur Menschen. Sie können ruhig auch mal komplett überfordert sein und keine Idee haben, wie Sie die Situation elegant bereinigen. Das Schöne am Arbeiten mit dem Kurzzeitwecker ist, dass er Ihnen so oder so eine Atempause verschafft. Auch wenn Sie dann noch keinen zündenden Einfall zur Lösung der Situation haben, werden Sie sich besser fühlen. Sie können es auch vor Ihrem Kind zugeben, dass Sie momentan nicht weiter wissen. Vielleicht überrascht Sie Ihr Kind dann sogar mit einem eigenen Vorschlag. Es hatte ja genauso Nachdenkzeit wie Sie.

Was mache ich unterwegs?

Leider kommen Trotzanfälle häufig draußen vor, wo viele Augen zusehen, viele Ohren zuhören und viele Münder gute Ratschläge parat haben. Rufen Sie sich immer wieder ins Gedächtnis: Es ist Ihr Kind! Sie kennen es am besten, und wenn Sie konse-

Timer-Apps

Wir verwenden zum Beispiel auf dem iPod »Timer+« von Minima Software. Die App hat nicht nur schöne große Zahlen und eine Auswahl verschiedener Klänge als Schluss-Signal. Man kann auch verschiedene Timer voreinstellen und benennen. Da der jeweilige Timer voreingestellt ist, drücken wir nur auf den Knopf – und es muss nicht über die gewählte Dauer diskutiert werden, denn der Timer wirkt als höhere Instanz.

quent bleiben und es prinzipiell genauso machen wie zu Hause, wird alles gut gehen. Denn auch unterwegs und vor »Zeugen« braucht Ihr Kind vor allem eins: Verlässlichkeit.

Natürlich ist draußen alles viel schlimmer. Man hat ja oft etwas vor, möchte irgendwo hin. Führen Sie sich eine Kosten-Nutzen-Rechnung vor Augen: Haben Sie und Ihr Kind ein paarmal die Situation mit Kurzzeitwecker »geübt«, sind Sie also verlässlich beim gleichen Ablauf-Schema geblieben, werden die Trotz-Situationen schneller vorübergehen und der Lerneffekt nachhaltiger sein. Aber je nach Kind wird es eine Zeitlang dauern, bis der Lerneffekt greift!

Verwenden Sie jedes Mal den Timer – man kann ihn diskret auf dem Handy einstellen (siehe Kasten »Timer-Apps«). Sagen

Sie sich zur Ermutigung immer wieder: Es geht letztlich fixer, wenn Sie kurz abwarten, bis der Timer Ihnen beiden »Abkühlzeit« verschafft hat, als wenn Sie hektisch mit trotzendem Kind herumlaufen.

Und in der Zeit, die der Wecker läuft, können Sie, falls nötig, gelassen den Umstehenden erklären, dass sie jetzt gerade eine wertvolle Lernerfahrung des Kindes beobachten. Bitte schämen Sie sich nicht für Ihr Kind oder für das, was Sie tun! Sie machen alles richtig! (Siehe auch »Auf den Teppich kommen ...«, Seite 115.)

Unterschätzen Sie auch nicht die Wirksamkeit des Timers als »höhere Instanz«, die Trotzanfälle vermeiden lässt, weil »er« das Ende der Spiel-/TV-Zeit einläutet, nicht Sie.

Wir und das Zeitgefühl

Kinder haben, wie schon bemerkt, noch kein Zeitgefühl. Aber wir Erwachsene machen uns etwas vor, wenn wir denken, unser Zeitgefühl wäre viel besser. Das fällt Zeitmanagement-Coach Cordula Nußbaum (siehe Anhang) immer wieder auf, die ihren Klienten empfiehlt, eine Stoppuhr mitlaufen zu lassen, während sie ungeliebte Handgriffe im Haushalt tun, die sie immer wieder vor sich herschieben. Spülmaschine aus- und einräumen ist »endlos« – im Gefühl. Tatsächlich dauert es meist nur 3 bis 5 Minuten. Mit diesem Trick können wir »lernen«, wie lange viele unangenehme Tätigkeiten tatsächlich dauern, wir trainieren das Zeitgefühl.

Zeitgefühl ist also etwas, das man lernen muss und kann. Da Kinder aber nicht dauernd auf die Uhr schauen (sind sie ins Spiel vertieft, so wird das eben vergessen), hilft auch hier der Kurzzeitwecker. Sein Klingeln erinnert uns, dass die Zeit vorbei ist, und macht für das Kind aus »gleich« etwas Greifbares. Man kann das in vielen Situationen nutzen, unter anderem:

- im Büro
- beim Aufstehen / Anziehen
- beim Toilettentraining
- beim Telefonieren

Wer machen darf, trotzt weniger

Dr. Laura Markham, eine klinische Psychologin und in den USA bekannt als Elternberaterin vor allem für die Trotzphase, sagt, dass das wichtigste Erziehungsmittel die konstante Verbindung zum Kind ist. Nicht im Sinne einer physischen Anhänglichkeit, sondern dass wir uns Gedanken über das Kind machen, es so gut wie möglich zu verstehen versuchen und mit ihm im Gespräch bleiben. Diese Verbindung bildet die Basis, auf der, gerade auch in der Trotzphase, Markhams Erziehungsformel aufsetzt: Liebe (das beinhaltet: Fürsorge, Respekt, Einfühlungsvermögen, Wertschätzung) und hohe, aber altersgerechte Erwartungen ans Kind.

Die Verbindung zu halten, auch wenn das Kind gerade einen Trotzanfall nach dem anderen hat oder ganz anders tickt als wir, ist richtig Arbeit. Ebenso die Verbindung immer wieder neu aufzubauen, nach jedem Entwicklungsschritt. Aber diese Verbindung legt das Fundament, auf der Erziehung und Konsequenzen aufsetzen können: Wenn ich ungefähr weiß, wie mein Kind tickt (und auch Veränderungen mitbekomme), kann ich an Alltags- und Stress-Situationen ganz anders herangehen.

Besonders effektiv bei Kindern ab zwei Jahren finden wir die Mischung aus Liebe und hoher Erwartung. Es ist immer wieder schön zu sehen, wie Kinder sich verändern, wenn man ihnen mit dieser Grundhaltung begegnet! Wie positiv sie auf Erwartungen reagieren – sofern diese nicht zu hoch oder zu tief gesteckt sind. Sie strecken sich gern, mühen sich – und sind stolz wie Oskar, wenn sie etwas Neues gemeistert haben. Viele vermeintliche Trotzanfälle, die wir bei unseren oder anderen Kindern erlebt haben, waren Zeichen von Langeweile und Unterforderung, von einem entweder zu vollgepackten oder zu wenig strukturierten Tag, der kaum Möglichkeiten bot, etwas selbstständig zu tun, das herausfordert.

Nehmen Sie jede Gelegenheit zur Selbstständigkeit Ihrer Kinder wahr. Natürlich gibt es weiterhin Trotzanfälle, sie sind ja unvermeidbar und nötig für die Entwicklung des Kindes – aber die Kinder sind so beschäftigt damit, die ihnen übertragenen Aufgaben zu meistern, dass sich die Anzahl der »Anfälle« stark reduziert. Die Freude über Erfolge ist riesengroß und wirkt noch eine ganze Zeit positiv nach, und das auch bei kleinsten Handlungen, die uns Erwachsenen völlig banal erscheinen. Das ist leicht erkaufter Kinder-Frieden, in den man nur etwas Überlegung investieren muss, um dem Kind sichere, aber herausfordernde Aufgaben im Alltag anzubieten.

Kinder wollen gern helfen, wenn sie Dinge »wie die Großen« machen dürfen: Busfahrkarte kaufen für Mama, im Bus hinten sitzen, während Mama vorn sitzt; zum Spielplatz vorlaufen (wenn er schon so nah ist, dass keine gefährlichen Kreuzungen zu meistern sind), selbst entscheiden dürfen bei Kleidung und Frisur, einen Nachtisch für alle mit Schoko-Streuseln verzieren, ein Stück Garten oder einen Blumentopf in Eigenregie bepflanzen und selbst die Samen / Stecklinge im Gartencenter aussuchen, mit gemaltem Einkaufszettel und Kinder-Einkaufswagen im Supermarkt einkaufen …

Ganz wichtig ist, dass das Kind genug Zeit bekommt. Die Eltern-Unterstützung sollte dem Montessori-Grundsatz folgen: »Hilf mir, es selbst zu tun«. Wir sind zu schnell bei der Hand, dem Kind gleich alles abzunehmen, weil es »zu lange« dauert, weil wir unter Zeitdruck stehen. Kinder, die immer wieder signalisiert bekommen: »Lass mich das mal machen, du kannst das noch nicht schnell genug«, spüren wenig Motivation, sich kooperativ zu verhalten – sie dürfen ja nichts machen, was sie wirklich interessiert, nur den »Babykram«. Wer derart unterfordert ist, rebelliert, vielleicht als »stummer Druckser« (Seite 60). Wer hingegen selbstständig an Mamas / Papas

Seite agieren darf, lässt sich auch mal mit besonderen »Jobs« bei schwierigen Trotz-Situationen ködern.

Konsequent und positiv erziehen

Wenn Eltern mit Konsequenz erziehen und feste Abläufe schaffen, machen sie sich damit das Leben leichter, denn Kinder brauchen sichere Strukturen. Sie lieben es, wenn sie wie kleine Hellseher vorhersehen können, was gleich passiert. Selbst in kleinen Dingen äußert sich das, zum Beispiel darin, dass Kinder immer wieder dasselbe Buch lesen oder dieselben Dinge im Fernsehen anschauen möchten. Vieles um sie herum ist hochkomplex und scheinbar unberechenbar. Sie fühlen sich super, wenn sie an etwas teilhaben – ob in der Realität oder im Buch –, bei dem sie korrekt voraussagen können, was gleich passiert.

Für den Alltag heißt das: Ein Ablauf wird für ein Kind dann berechenbar, wenn er klar ist und wenn auch Konsequenzen bei Fehlverhalten klar sind!

Ein Kind in dem Alter kann sich selbst noch nicht Konsequenzen seiner Handlungen vorstellen (siehe auch »Mamas ticken anders als Papas«, Seite 26). Sie erlernen Handlung und Konsequenz so, wie sie das Schneiden mit einer Schere lernen: »Ich mache X und dann folgt Y.« Auf ein bestimmtes X muss also das immer gleiche Y folgen! Wenn es Süßigkeiten nur am Naschtag gibt, dann gibt's die auch nur am Naschtag.

Der nächste Schritt: Was ist Ihre Konsequenz, wenn sich Ihr Kind nicht daran hält? Überlegen Sie sich Regeln, die in Ihrer Familie, in Ihrem Haus gelten – und Konsequenzen, die Sie ziehen werden, wenn diese Regeln nicht eingehalten werden.

Konsequenz »erfinden«

Gerade für viele Frauen fühlt es sich zunächst anmaßend an, knallhart Dinge festzusetzen, die ihnen eigentlich herzlich egal sind. Aber, wie ein Bekannter, zweifacher Vater, neulich so treffend formulierte: »Im Grunde sind Kinder kleine Spießer. Sie wollen, dass alles nach Plan läuft und es für alles klare Regeln gibt.«

Am eigenen Leib haben wir das gemerkt beim leidigen Streit um die Süßigkeiten.

Sie wollen, dass Ihr Kind weniger nascht und vor allem wollen Sie nicht jeden Tag und jedes Mal vor einer Süßigkeitenauslage dieses Theater. Eine Lösung kann sein: Samstag ist von jetzt an Naschtag. (Genauso wie in Schweden übrigens, da wurde er von den Zahnärzten erfunden.) Am Naschtag dürfen Eltern wie Kind ohne Diskussion naschen – von süßen Brötchen über Pudding bis zu Gummibärchen. Den Rest der Woche gibt's nichts Süßes. (Legen Sie für alle überschaubar fest, was als »Nur am Naschtag«-Essen gilt. Und halten Sie sich selber dran!)

Erste Reaktion: Es gibt schlimmstenfalls ein paar Wochen lang vor dem Süßigkeitenregal im Supermarkt Szenen. Viele Eltern sind aber überrascht, dass die meisten Kin-

Welche Bilder malen Sie im Kopf Ihres Kindes?

✓ **»Nicht« bzw. alle Negationen** (zum Beispiel auch »kein«) **zeichnen kein Bild im Kopf.** Die Folge: Das Bild, das bei der Ermahnung »Fall nicht vom Klettergerüst!« im Kopf des Kindes entsteht, ist, wie es vom Gerüst fällt! Dasselbe, man kann es sich vorstellen, passiert bei »Hau nicht immer deinen Bruder!«, »Heute gibt's kein Eis!« etc.

✓ **Auch »Lass das!« oder »Mach nicht immer …!« gibt** dem Kind **kein positives Ersatzverhalten,** sondern ist negativ und sich selbst verstärkend – das Kind folgt dem Bild im Kopf, es wird wieder ermahnt, dasselbe Bild entsteht … Der Kreislauf wird durch das Lob positiven Verhaltens durchbrochen. Damit ein Lob Kraft hat, sollte es aber nicht (immer) für Selbstverständlichkeiten vergeben werden.

der sich innerhalb von ein paar Tagen einem derart klaren »Ritual« fügen.

Und auch wenn Ihr Kind Theater macht: Wenn Sie mit Konsequenz erziehen und klare Regeln aufstellen, dann sind die Wutanfälle jetzt für Sie besser »planbar«: Sie wissen, wie der Wutanfall ausgeht (das Kind bekommt trotzdem nichts Süßes) und Ihr Kind hat sich für den Rest des Tages schon ziemlich abreagiert.

Es bringt auch mehr Gelassenheit auf elterlicher Seite in die Trotz- oder Wut-Situation. Denn mit der Zeit wird es für Sie zum Automatismus, sich in Problem-Situationen zu überlegen, welchen Ablauf Sie mit Konsequenz durchziehen wollen.

Passen Sie Rituale immer wieder der Reife Ihres Kindes und den aktuellen Gegebenheiten an. So änderte sich bei uns die »Morgens gründlich waschen«-Regel mit Ankunft des kleinen Bruders zu einem Bad am Abend. Das war vorher ohne großes Theater nicht machbar – aber ist jetzt durch die Bad-Begleitung des kleinen Bruders plötzlich hochattraktiv.

Positiv erziehen

Die beste Erziehung für Babys und Kleinkinder ist, sie mit einem deutlichen »Nein!« von allem abzuhalten, das für sie gefährlich ist oder das Sie konsequent für alle Zeiten verboten haben wollen (spielen mit Steckerleisten, Bücher zerreißen, etc.). Und dann im selben Augenblick etwas anderes, mindestens genauso Spannendes anzubieten. Dadurch wird positiv belohnt, wenn das Kind seine Aufmerksamkeit von dem »bösen« Ding oder Tun abzieht. Überstrapazieren Sie das »Nein!« nicht – es rutscht schnell über die Lippen, obwohl wir oft eher ein »Nur, wenn du das und das beachtest« meinen! Wenn »Nein« sparsam verwendet wird, hat es mehr Gewicht.

Manche Eltern haben Bedenken, dass das Kind so lernt: »Ich muss nur an der Steckdose spielen, Mamas Computer befingern, Bücher knicken und zerreißen, dann gibt's was Tolles.« Das ist aber nur der Fall, wenn das Kind die positive Aufmerksamkeit und das interessante Spiel mit Ihnen nur (!) dann bekommt, wenn es zuvor etwas Verbotenes macht.

Positive Aufmerksamkeit und Lob ziehen bei Kindern allen Alters besser als ständige Ermahnungen. Ihr Kind will Ihnen gefallen und am allerliebsten hat es positive Aufmerksamkeit. Wenn Sie gutes Verhalten loben, wird es dieses Verhalten wiederholen. Voraussetzung: Es wird konkret gelobt, mit Erwähnung des positiven Verhaltens, nicht nur »Danke« oder »Das war toll«. Machen Sie auch nicht den Fehler, das Kind zu loben statt des Verhaltens. Nicht: »Du bist eine Super-Tochter«, sondern »Vielen Dank, dass du … gemacht hast, das war super!«. Nur negatives Verhalten zu kritisieren ist einfacher, aber setzt den Fokus auch auf dieses Verhalten (siehe Kasten auf Seite 25).

Mamas ticken anders als Papas

Eltern haben in der Trotzphase häufig das Gefühl, die Kinder agieren nach dem Grundsatz »Da geht noch was«. Mama oder Papa haben einen Weg gefunden, trotz To-

ben und Schreien nach dem Kindergarten fünfmal die Woche gelassen zu bleiben? Da legen wir doch mal eine Schippe drauf und kriegen jetzt auch lautstarke Anfälle beim Autofahren … Gerade wenn Sie ein eher Harmonie-orientierter Mensch sind (was besonders auf viele Frauen zutrifft), werden Sie durch diese Steigerung in der Trotzphase regelrecht von Ihrem Kind zerrieben. Denn Ihr Kind will

- Grenzen spüren,
- klare, kurze Ansagen bekommen,
- nur wenige Optionen, über deren jeweilige Konsequenzen sich die Erwachsenen vorab Gedanken gemacht haben,
- nicht als Gedankenmüll-Schlucker der Bezugsperson herhalten.

Sie sind vielleicht streng, wenn es zur Auseinandersetzung kommt (»Nein, du hattest schon drei Plätzchen, mehr gibt es nicht«), aber in Situationen, wo es keine »richtige« Vorgehensweise gibt, sind Sie weich. Genauso, wie Sie es im Umgang mit anderen Erwachsenen wären: Sie haben in der Situation keine Präferenz, also darf Ihr Gegenüber sich etwas aussuchen. Sehr löblich, aber in der Trotzphase Ihres Kindes grundverkehrt!

Gerade als Mutter/Frau kann man lange Gespräche mit anderen Eltern und einer Psychologin brauchen, um zu kapieren, dass man kein »Schwein« ist, wenn man einem Kind enggesteckte Grenzen setzt, sondern dass das Kind nur dann in der Trotzphase geradeaus läuft.

Optionen sind anstrengend und führen zu Frust

Es sagt sich so banal in jedem Elternratgeber: »Setzen Sie Ihrem Kind Grenzen, an denen es sich abreagieren kann.« In der Praxis gibt es so viele Trotz-Momente mit einem Kind zwischen zwei und vier, dass gerade wir Frauen in den wenigen harmonischen Situationen mit unserem Kind nicht auch noch ein »Spielverderber« sein wollen. Wo es uns doch nun wirklich egal ist, ob unser Sohn heute Nachmittag ein Bild malt oder mit seiner Eisenbahn spielt. Er könnte auch mit uns Plätzchen backen. Oder spazierengehen ...

Achtung! Sich zwischen mehr als zwei Optionen zu entscheiden, ist für ein Kind in diesem Alter (zwei bis fünf) eine Qual!

Es ist auch noch nicht in der Lage, Konsequenzen wirklich zu überblicken. Da hilft auch kein langes Erklären, wie »Wenn wir in den Wald gehen, haben wir aber keine Zeit mehr, um Plätzchen zu backen. Wenn du jetzt eine halbe Stunde mit der Eisenbahn spielst, könntest du danach malen oder Plätzchen backen. Aber auf den Spielplatz gehen wir dann nicht mehr.« Da raucht einer Dreijährigen der Kopf, sogar noch einem Fünfjährigen. (Böse möchten wir behaupten: vielleicht sogar einem 40-Jährigen ...)

Als ich (Nina) einem Freund vorjammerte: »Aber es kommt mir total bescheuert vor, mir vorher zu überlegen, was ich meinem Sohn aufs Auge drücke. Es ist mir doch *wirklich* egal, ob er nun mit der Eisenbahn spielt oder malt. Es ist auch zeitlich egal«, sagte er nur: »Es ist getarnte Faulheit, sich das nicht vorab überlegen zu wollen. Und immer noch die Angst vor Konfrontation – aber die Konfrontation kriegst du sowieso mit einem trotzenden Kind. Entweder jetzt gleich oder spätestens, wenn du ihm Option zwei und drei versagst, weil er sich Option eins gewünscht hat. Das kapiert er nicht!«

Reden wie ein Mann

Laut der Linguistin Deborah Tannen sind Frauen typischerweise »Sprechdenker«. Kommt dazu noch ein ausgeprägtes Harmonie-Bedürfnis (negativ könnte man auch sagen: eine Konfliktscheu), schlägt sich das in einer Wischiwaschi-Sprache nieder. Zu viele Worte, zu soft (auch die Körpersprache!) und ein Kind (besonders ein Junge) hört ab dem fünften Wort nur noch »Rhabarberrhabarberrhabarber« und schaltet auf Durchzug.

Die Kinder sind den ganzen Tag um uns, und es bürgert sich einfach ein, dass wir viel mit ihnen reden. Das ist ja auch gut fürs Kind und für die Sprachentwicklung – aber alles in Grenzen. Das Kind sollte nicht einem Dauerstrom von Gedanken ausgesetzt werden, die Mama verbalisiert. Aus dem Wust dann Ansagen wie »Räum das jetzt weg« oder »In einer halben Stunde gibt es Essen« rauszuhören, ist für ein Kind wirklich schwer.

Gerade bei Männern (und Söhnen) ist es fatal, dass Frauen zusätzlich häufig Wünsche als Fragen formulieren. Oder, wenn sie

27

Der Mama-Papa-gei

Apropos Kommunikation: Für uns überraschende Erfolge hatten wir bei trotzenden Kindern mit einer Idee von Dr. Harvey Karp (siehe Anhang). Er empfiehlt Eltern von Kindern im Trotzalter, sich in einer Wut-Situation des Kindes **seinem Tonfall anzupassen und seine Worte aufzugreifen** – in ganz einfachen Sätzen, die Länge dem Alter des Kindes entsprechend. **Den Tonfall modulieren Sie um ein paar Nuancen entspannter als das Kind,** um es langsam zur Ruhe zu führen. Durch den ähnlichen Tonfall und das Aufgreifen der Worte fühle Ihr Kind sich endlich verstanden und nur so sei eine Beruhigung möglich, sagt Karp.

Die ersten paar Male fühlten wir uns völlig bekloppt, als wir wie Polly der Papagei dem Kind nachplapperten. Aber selbst bei stinkwütenden oder vor Frust schreienden Fünfjährigen hat es noch wie Magie funktioniert, bei jüngeren Kindern erst recht!

sich zu »Befehlen« durchgerungen haben, hängen sie vorsichtshalber ein »okay??« dran. Da ist die innerliche Kinderantwort erst mal »nö«.

Um zu testen, ob Sie das auch so machen, können Sie einen Freund oder Ihren Mann darum bitten, Sie mit einem Signalwort darauf hinzuweisen, wenn Sie es wieder nicht geschafft haben, einen Wunsch oder Befehl in einem kurzen klaren Aussagesatz rüberzubringen. Das gibt zwei Wochen böses Blut in der Beziehung, aber ist ausgesprochen informativ. Sie werden merken, dass die deutlichere Kommunikation Ihnen auch im Umgang mit Ihrem Partner und männlichen Kollegen gut tut. Und Ihr Kind weiß endlich, woran es ist!

Wenn Sie hier Rückgrat behalten und sich klar und präzise ausdrücken, wird sich Ihr Alltag merklich entspannen.

Homöopathie und Bachblüten für Kinder

Unterstützend können Sie Ihrem Kind in der Trotzphase zu seinem Typ bzw. Verhalten passende homöopathische Mittel geben. Ein solches Mittel macht keinen neuen Menschen aus ihm, sondern balanciert bei Erfolg die guten wie die weniger guten Eigenschaften auf ein für Kinder wie Eltern angenehmes Maß.

Homöopathen mögen das anders sehen, aber wir finden diese Mittel auch deswegen gut, da sie Eltern die Möglichkeit geben, auf ihren Instinkt und den des Kindes zu achten und folgenlos verschiedene Mittel auszuprobieren, bis eines gefunden ist, das dem Kind wirklich weiterhilft. Erwarten Sie keine Wunder, aber erwarten Sie, innerhalb einer Woche positiv überrascht zu werden – sonst war es das falsche Mittel!

In der Liste der Mittel (im Anhang ab Seite 149) ist das Leitsymptom blau gedruckt, die weniger gewichtigen Aspekte stehen in normaler Schrift. Trifft eine blau gedruckte Aussage auf Ihr Kind zu, passt das Mittel vermutlich gut, auch wenn eventuell einige der anderen Symptome des Mittels nicht auf Ihr Kind zutreffen. Die genannten Typen sind nur Beispiele – das Mittel kann auch für andere Kindertypen passen.

Hinweise zu homöopathischen Mitteln

Die empfohlenen Mittel sind in ihren Dosierungen unbedenklich. Es handelt sich um sogenannte Akutmittel, deren Wirkung rasch eintritt, aber nicht lange vorhält. Bitte achten Sie aber darauf, ob wirklich eine Besserung eintritt. Es sollte schon nach einer Woche eine fühlbare Veränderung der Situation eintreten. Ist das nicht der Fall, können Sie es dann bedenkenlos absetzen und ein neues ausprobieren.

In manchen Fällen kann ein »Wirktagebuch« weiterhelfen. Dort kann man den Verlauf der Veränderung und das Wechseln der Symptome eintragen und es für die spätere Mittelwahl nutzen. So ein Tagebuch ist auch hilfreich beim Besuch des Kinderarztes.

Ihr Kind macht Entwicklungen durch, die im Laufe der Zeit verschiedene Mittel nötig machen. Machen Sie sich die Ent-scheidung nicht schwer und probieren Sie aus. Wenn Sie Hilfe brauchen, suchen Sie sich einen guten Homöopathen.

Falls das Kind ein Mittel nicht einnehmen möchte (aus welchem Grund auch immer), überreden Sie es nicht dazu! Falls Ihr Kind krank wird und Medizin einnehmen muss, können Sie trotzdem mit der Homöopathie weitermachen.

Wenn Ihr Kind eine andere Dosierung möchte oder zu einer merkwürdigen Zeit an das Mittel denkt und danach verlangt, geben Sie es ihm ruhig. Bedenken Sie allerdings, dass manche Mittel aus Milchzucker bestehen und in hoher Dosierung oder bei Laktose-Intoleranz Durchfälle verursachen können. Lassen Sie sich in diesem Fall von Ihrem Apotheker beraten.

Es gibt die meisten der empfohlenen Mittel als Globuli (kleine Kügelchen) oder Tabletten. Die Wirkung ist die gleiche. Es ist bei kleinen Kindern aber einfacher, die Tablette zu nutzen, da die Globuli oft den Weg in den Mund nicht finden, sondern auf den Boden fallen. Gleichzeitig sind Globuli aber attraktiver für Kinder, da sie so schön kullern, so klein sind und an Liebesperlen erinnern.

Einnahme

Die Globuli oder Tabletten sollten entweder auf einen Löffel geschüttet werden oder auf die Hand des Kindes. Die Hand des Elternteils sollte das Mittel nicht berühren! Das hat etwas mit den feinen Informationen auf dem Kügelchen zu tun. So findet

TABLETTEN GEGEN ALB-
TRÄUME?
Warum und wie Sie Ihrem
Kind erklären sollten, was es
an alternativen Mitteln
nimmt, finden Sie auf
www.land-der-abenteuer.de/
homöopathie-fuer-kinder.

sich in »Calcium carbonicum D6« nur ein winziger Anteil an Muschelkalk, da es so stark verdünnt wurde. Dennoch ist das der entscheidende Wirkstoff. Wenn Sie nun das Kügelchen oder die Tablette anfassen, dann ist viel mehr »Mama/Papa Hautschweiß/ Hautcreme« auf den Kügelchen als Calcium carbonicum …

Dosierung

Nach Bedarf drei bis vier Kügelchen oder eine Tablette im Mund zergehen lassen. Bei ganz kleinen Kindern lösen Sie sie auf einem kleinen Löffel in Wasser auf.

Ich empfehle für alle Mittel die Potenzierung D6. Sie bestellen also in der Apotheke »Sepia D6« oder »Ignatia D6«. Andere Potenzierungen haben andere Wirkungen! Möchten Sie die ausprobieren, befragen Sie dazu vorab einen Homöopathen.

Bachblüten

Eine weitere sanfte Möglichkeit, Ihr Kind bei seiner Entwicklung positiv zu unterstützen, sind Bachblüten. In den 1930er-Jahren von Edward Bach entwickelt und mittlerweile in den USA und Australien weiterentwickelt, sollen die Blütenessenzen auf die Psyche des Menschen ausgleichend und harmonisierend wirken. Sie können sie in der Apotheke oder über das Internet kaufen. Verabreichen Sie etwa fünf Tropfen ein- oder mehrmals am Tag in einem Glas Wasser, Tee oder Apfelsaft. Zur Entspannung können sie auch ins Badewasser gegeben werden.

Die folgenden zwei Blüten helfen den meisten Kindern in der Trotzphase, unabhängig von Temperament und Typ.

Vine (Weinrebe): Weckt Sensibilität anderen gegenüber, hilft kleinen »Bestimmern«, mit ihrem Willen auch mal etwas zurückzustecken.

Chamomilla (Echte Kamille) aus den Kalifornischen Essenzen: Hilft, die Ansprüche an sich selbst zurückzuschrauben, überspitzte Energiepegel auszugleichen und auch mal zur Ruhe zu kommen.

Falls Sie mehr über die Anwendung von Bachblüten wissen wollen, finden Sie eine kleine Anleitung auf www.land-der-abenteuer/bachblueten-fuer-kinder.

VON SIRENEN UND SEEMÄNNERN – DER TROTZ-MONSTER-ALMANACH

Jedes Kind trotzt anders und manchmal ändert sich die Art des Trotzanfalls je nach Situation. In diesem Kapitel finden Sie Tipps, die Ihnen grundsätzlich bei Wutanfällen weiterhelfen, und zusätzlich typspezifische Tipps speziell für Ihr Kind. Der Almanach gibt auch Rat, wie sich Trotzanfall und Machtspiel unterscheiden lassen.

Mein Kind ist ein / e …

Jedes Kind ist einzigartig, jedes Kind »trotzt« einzigartig: Jungen trotzen anders als Mädchen, Einzelkinder und ältere Geschwister trotzen anders als das zweite oder dritte Geschwisterkind. Und manche Trotzanfälle sind gar keine, sondern »nur« getarnte Machtspielchen.

Es lassen sich bestimmte Muster erkennen, die wir Ihnen in diesem Buch beschreiben möchten. Wir haben sie gegliedert in echte Trotzanfälle und Machtkämpfe und jeweils den echten Trotztyp vor das ähnliche Machtspiel gesetzt. Beide sind geordnet nach einer Skala von eher körperlich, also ein Widder, der tobt und schreit, bis zu

eher kopflastig, also zum Beispiel eine Winkeladvokatin.

Wie wir weiter unten beschreiben, ist die Art der Trotzanfälle durchaus fließend und die wenigsten Kinder verfügen nur über ein »Trotz-Gesicht«. Mal Heulboje, mal Showtalent, wenn die Großeltern dabei sind, auch mal Nörgel-Prinzessin …

Apropos Prinzessin: Das in der Typen-Beschreibung genannte Geschlecht ist nur ein Beispiel! Wir mussten uns für ein Geschlecht entscheiden, um nicht jede Beschreibung ausufern zu lassen. Aber wir kennen genauso Nörgel-Prinzen und extreme Grantl-Königinnen.

Beobachten Sie Ihr Kind bei den nächsten Ausbrüchen möglichst neutral (ja, das fällt unendlich schwer) und versuchen Sie, Muster zu erkennen: Ist es ein echter Trotzanfall? Ist es ein Machtkampf? Was ging dem Trotzanfall oder Wutausbruch voraus? Wann fand er statt – welches »Trotz-Gesicht« zeigt Ihr Kind zu welcher Tageszeit, in welcher Situation? Haben Sie Ihr Kind dann wiedergefunden (eventuell in mehreren Profilen – Typ-Mischungen sind sehr häufig), probieren Sie unsere Tipps aus.

Der Widder

Der Widder geht im Leben nicht gern durch Türen, wenn doch praktischerweise links und rechts Wände sind, gegen die man laufen kann. Sein Trotz ist eine Naturgewalt, vor der man erzittert. Der Widder kann dabei sogar sich selbst verletzen. Denn im Gegensatz zu manchen anderen Trotz-Typen hat der Widder keinen Sensor mehr nach draußen. Er wird vom Trotz überrollt und macht sich gewaltsam Luft. Es fliegen Gegenstände, es wird getreten und geschlagen – nicht unbedingt immer nur andere, sondern auch mal sich selbst. Der Widder spürt im Trotz nichts mehr.

Erste Hilfe

Leider kann man den Widder nicht schnell beruhigen, denn der Zorn muss raus.

Beispiel: Mein (Anja) wütendes Kind in der Fußgängerzone. Da ich den Vorgang ja schon kannte, bin ich aus der Gefahrenzone gegangen, habe meiner Tochter den Raum gegeben, die Wut rauszulassen. Passanten dachten, sie sei allein, wollten sich kümmern – und meine tobende Vierjährige hat die verdatterten Leute angebrüllt: »Nicht gucken!!!« Denn dem Widder ist es peinlich, so aus der Fassung zu geraten. Er kann aber nicht anders, und das macht ihn noch wütender. Also stand sie heulend, schreiend und spuckend da, bis es wieder möglich war weiterzugehen. Für mich war das nicht so schlimm wie für sie – am schlimmsten war's für meine Mutter, die

das ganze Geschehen hochnotpeinlich fand. (Mehr zum subjektiven Empfinden von Trotz-Anfällen finden Sie beim Seemann, Seite 38.)

Überlegen Sie sich zusammen mit Ihrem Partner Strategien für diese Situationen und informieren Sie sich – damit Sie nicht in Panik geraten, wenn der Widder mal so richtig wegtickt:

»Wie reagiere ich, wenn das Kind mich bei einem Trotzanfall schlägt? Ist das wirklich ungewollt?«

Ja, wenn es ein echter Trotzanfall ist, dann ist es ungewollt, bzw. für das Kind nicht zu kontrollieren. Man kann dann hinterher bei einem gemeinsamen Gespräch mit dem Kind nur betrübt feststellen, dass es wehgetan hat. Diese Feststellung sollte aber nicht anklagend sein.

Anders ist es bei Schlagen aus Wut oder Dominanz. Das ist natürlich nicht zu tolerieren! Da hilft als Elternteil nur, sich der Situation schnell und konsequent zu entziehen. Wir haben schon mit aller Kraft eine Türe zwischen uns und einem tobenden Kind zuhalten müssen – die können enorme Kräfte entwickeln! Hinterher kann man das noch einmal klarstellen: »Hauen geht gar nicht!«

Was auch nicht geht, ist zurückhauen, »um dem Kind bewusst zu machen, dass es Schmerzen verursacht«. Wenn es dem Kind wirklich bewusst wäre, dann würde es Sie nicht schlagen! Und auch wir Erwachsenen kennen ja durchaus Situationen, in denen wir keinen Schmerz verspüren, weil eine andere Emotion ihn überdeckt. Stattdessen schaukelt sich der Konflikt hoch, wenn Sie in gleicher Münze zurückzahlen.

»Wie gehe ich mit Ohnmachtsanfällen / Atemnot um?«

Besprechen Sie das mit Ihrem Kinderarzt. Normalerweise hat es keine organischen Ursachen und kommt nur in den Anfängen der Trotzphase vor. Natürlich ist es erschreckend, aber nicht wirklich gefährlich. Ein Kinderarzt riet einmal, das blau angelaufene Kind kurz vor dem Ohnmachtsanfall mit dem Kopf unter einen kühlen Wasserstrahl zu halten, dann holt es reflexartig Luft. Bei den nächsten Atem-Aussetzern musste die betroffene Mutter nur mit dem Kind unter dem Arm ins Bad laufen und es holte ganz fix von alleine wieder Luft. Aber: Lassen Sie sich beraten, damit nicht organische Ursachen unter »Trotzphase« abgehakt werden!

»Kann mein Kind sich verletzen, wenn es so wild um sich schlägt?«

Klar. Meine (Anja) Tochter ist einmal im Trotzanfall wie ein Brett die Treppe heruntergerutscht, bevor ich sie festhalten konnte. Sie war ganz steif und hatte sich den Hinterkopf an jeder Treppenstufe angeknallt. Ich stand noch hilflos oben, weil alles so schnell ging.

Sie war später sehr überrascht, dass sie eine Beule am Hinterkopf hatte. Während des Vorfalls hatte sie nichts gemerkt! Da man diese Trotzanfälle aber nicht verhindern kann, ist es auch nicht möglich, die Gefahr der Verletzungen auszuschalten, denn man hat ja nicht ständig ein gepolstertes Zimmer ohne Ecken und Kanten zum Abreagieren parat.

Wut im Bauch

✔ Kinder lernen nach und nach aus Vorbildern, aus von Ihnen vorgeschlagenen Alternativhandlungen und aus dem Gespräch mit Ihnen, ihre Wut in andere Bahnen zu lenken.

✔ Wichtig ist, die Wut nicht runterzuschlucken oder, als Eltern, grundsätzlich Aggression als »böse« abzustempeln. Tipps finden Sie beim Gewaltpräventionsprogramm »Faustlos« (www.faustlos.de und in Buchform, siehe Anhang) und im Buch »Kinder dürfen aggressiv sein« von Jan-Uwe Rogge.

Vitamin P wie Prävention

Ventile anbieten! Wutbälle und andere Abreaktionsmöglichkeiten können helfen (in Kissen hauen etc.) – Tipps finden Sie auch auf Seite 32.

Wir haben festgestellt, dass es nach langer Abkühlzeit möglich ist, darüber zu sprechen, was passiert ist. Aktives Zuhören und viel sprechen lassen (nicht selbst reden) sind ganz wichtig! Widder müssen erst lernen, ihre Wut verbal zu äußern, sich selbst zu verstehen. Sie sind oft starke Persönlichkeiten, die kein Problem mit Konfrontationen haben. Sie müssen aber lernen, mit sich selbst und dieser Stärke umzugehen. Und zwar intellektuell.

Da sie sehr impulsiv sind, ist es wichtig, dass in Familien mit Widder-Kindern die Regeln glasklar sind: Welches Verhalten ist okay, welches nicht? Rumbrüllen und -toben sollte als Ventil erlaubt sein, aber »Mama beißen« zum Beispiel nicht. Ebenfalls klar sein sollte die (immer gleiche) Konsequenz, wenn gegen eine der Regeln verstoßen wird. Sehr häufig wird die Konsequenz eine Auszeit sein, in der das Kind vor sich hinwüten kann, bis es sich abgekühlt hat. Dass die Regeln vorab klar sind, gibt Ihnen mehr Ruhe während der Wutanfälle Ihres Kindes. Und Ihrem Kind Sicherheit und damit mittel- bis langfristig die Möglichkeit, die Impulsivität etwas besser kontrollieren zu lernen.

Der kleine Barbar   MACHT

Besonders bei den Zwei- und Dreijährigen gibt es viele Barbaren beiderlei Geschlechts. Dieser kleine Berserker wirft mit eigenem und fremdem Spielzeug um sich, zerreißt sogar Klamotten vor schierer Wut.

Wenn ihn (oder sie!) die Wut gepackt hat, gibt es kein Halten mehr – auch nicht vor Dingen oder Menschen, an denen der kleine Barbar hängt. In Momenten großer Wut versucht er das Machtspiel zu gewinnen, indem er Dinge zerstört. Sein Ziel ist es, Dinge von Wert zu zerstören; er weiß, dass das den größten Eindruck macht. Da ihm aber die Empathie noch fehlt (Kinder können erst mit gut drei Jahren die Gefühle anderer erahnen), denkt er, anderen sind seine Schätze (ob Dinge oder Menschen) genauso viel wert wie ihm …

Hier handelt es sich nicht um echten Trotz, sondern um ein Machtspiel.

Erste Hilfe

Versuchen Sie nicht, mit dem Barbar über den Wutanfall zu reden, solange er nicht deutlich abgekühlt ist. Also ein »Mach doch nicht alles kaputt!«, »Lass das!«, »Hör auf, die Wand zu treten« bringt in den meisten Fällen nichts. Entweder spitzt sich die Situation zu einer Konfrontation mit Ihnen zu (die Wand wird weiter bearbeitet und Sie dabei angebrüllt) oder Ihr Kind wird die grenzenlose Wut, die es im Moment spürt, schlicht gegen etwas anderes richten; mangels Masse auch gegen sich selbst.

Finden Sie heraus, was den Wutanfall provoziert hat. Zerstörungswut hat oft mit Minderwertigkeitsgefühlen zu tun. Fühlte Ihr Kind sich ausgeschlossen oder unzulänglich? Handelte es nach dem Motto: Wenn ich es nicht haben kann, sollst du es auch nicht haben? War es neidisch auf das Kunstwerk der Nachbarin und hat deshalb wüst darauf herumgekritzelt? Finden Sie den Grund heraus, und arbeiten Sie mit dem Kind daran.

Jungs und Aggression

David Thomas und Stephen James weisen in ihrem Buch »Wild Things« darauf hin, dass gerade bei Jungen im Alter von 2 bis 5 Jahren aggressives Verhalten ein Hilferuf sein kann, wenn sie sich überstimuliert fühlen von ihrer Umgebung. Jungen hätten von Natur aus einen niedrigeren Serotoninspiegel als Mädchen, was auch das Verhalten beeinflusst. Natürlich ist das eine Pauschalaussage – aber eine Überlegung ist es wert, wenn Sie einen Sohn haben. Auch Müdigkeit und Hunger könnten bei Jungen statt der naheliegenden Bitte nach Ruhe oder Nahrung aggressives Verhalten auslösen. Also ist es vielleicht kein Wunder, dass gerade männlicher Nachwuchs große Wut- und Trotzanfälle bevorzugt zeigt, wenn man die Kinder »noch eben kurz« mit zum Großeinkauf schleppt oder nach dem Kindergarten mit zu einer Spielverabredung.

Wenn die Wut verraucht ist

Bei vielen Kindern ist es besser, den Wutanfall gar nicht mehr zu kommentieren, wenn er ausgestanden ist. Positive Aufmerksamkeit bringt immer mehr bei Kindern als negative (siehe Seite 25 f.). Eine Ausnahme ist der Barbar: Er muss wieder in Ordnung bringen, was er in seinem Anfall durcheinandergebracht oder zerstört hat. Das sollte nicht in einer Gardinenpredigt vorgebracht werden; halten Sie ihn nur sanft aber bestimmt zur Kooperation an:

- Was durcheinandergeraten ist, muss er / sie wieder aufräumen.
- Was er an Aufgebautem (Playmobil-Szenerie, Holzklötzchenturm) zerstört hat, muss er nicht wieder aufbauen, wenn es sein eigenes Bauwerk war. Gehörte es anderen Kindern, muss er ihnen anbieten, dass er es wieder aufbaut.
- Gingen Dinge wie ein Bild oder ein Spielzeug zu Bruch, muss er sich überlegen, wie er den Schaden aus der Welt bekommt: Kann er versuchen, das Spielzeug (etc.) zu kleben (natürlich unter Anleitung)? Oder wollen Sie bestimmte Dienste vereinbaren, die der kleine Barbar als Reparation leisten muss, um den Schaden wiedergutzumachen?
- Er muss sich entschuldigen. Ja, das ist nicht leicht.

Denken Sie daran, dass auch schon kleine Schritte mit Verantwortung für das eigene Handeln bei Kindern sehr viel bringen! Der »Dienst« muss also nicht furchtbar umfangreich sein oder ewig lang dauern; er sollte schlicht für das Kind herausfordernd genug sein, dass es abspeichert: »So viel Mühe macht es also, zu ersetzen, was kaputt gegangen ist«.

Bei diesen Schritten werden Sie Ihr Kind unterstützen und eventuelle Aufräum- und Bauarbeiten auch strukturieren müssen – geben Sie nur acht, dass gerade »das Basteln mit Mama« nicht zu spannend ist. Auch schon bei Zweijährigen kann man diese Schritte durchführen, wenn Sie sie in kleinen Häppchen dosieren.

Vitamin P wie Prävention

Sprechen Sie mit dem Kind über die Wut. Lesen Sie entsprechende Bilderbücher und verarbeiten Sie gemeinsam, was passiert ist. Widder und Barbaren müssen erst lernen, ihre Konflikte verbal zu lösen.

Der Seemann TROTZ

Dieses Kind wird, wenn es sich von anderen Menschen oder dem Leben an sich provoziert fühlt, richtig ausfallend und kann fluchen, dass Ihnen die Ohren klingeln. Jedes Kind fährt auf »verbotene Wörter« ab, aber der Seemann ganz besonders und wendet sie (scheinbar) auch noch richtig an! Fluchen wird hier dazu eingesetzt, um eine Art »Bannmeile« zu schaffen – als Mittel zur Distanzierung.

Seemänner können Jungen oder Mädchen sein. Viele Seemänner (und Seefrauen) fallen durch eine erhebliche Grundspannung auf. Sie haben sich zwar noch unter Kontrolle, aber diese Kinder wirken in vielen Situationen, als stünden sie unter Hochspannung: Bloß nicht anfassen oder ansprechen!

Oft kauen sie an den Nägeln oder an Haaren oder Kleidung. Auch selbstverletzendes Verhalten ist möglich.

Winkeladvokaten sind Seemänner nicht und auch keine Nörgler, die beide förmlich nach Gründen suchen, um sich mal so richtig aufzuregen. Der Seemann regt sich auf, weil er »muss«, nicht, weil er das will.

Er flucht, weil er sich verbal davor schützt, angefasst zu werden. Er muss den Trotz bis zum Ende allein durchstehen, wie alles andere auch. Daher kann er keine Einmischung dulden und schreckt die Umgebung durch Fluchen und Beschimpfungen ab.

Der Seemann ist ein Kind mit einer sehr aktiven Fantasie. Diese Kinder gehen zwar sehr in Geschichten auf, aber sie brauchen nicht viele. Denn sie beschäftigen sich mit einem Thema nach dem anderen. Wo andere Kinder innerhalb eines Tages in verschiedene Fantasie-Konstrukte wechseln können (morgens Drachen, mittags Piraten und abends Pippi Langstrumpf) bleibt der Seemann gern lange in einer Welt. Der Seemann muss über alles sprechen, was er sieht und denkt. Er stellt tausend Fragen und ist sehr kreativ.

Erste Hilfe

Provozieren Sie keinen verbalen Ausbruch, indem Sie dem Seemann zu früh zu nahe kommen. Wenn möglich, lassen Sie ihn sich allein im Zimmer Luft machen, damit Sie ihn nicht wegen der »bösen Wörter« korrigieren müssen. Schubsen Sie ihn nicht ins Gäste-WC wegen der »Klo-Wörter« und ringen Sie um Himmels willen auch nicht mit ihm, dass er diese ins Klo rufen muss! (Ja, alles schon erlebt.)

Der Seemann braucht viele Ventile; Bewegung und auch künstlerischen Ausdruck: singen, sprechen, tanzen, malen.

Erst wenn er ein Thema in sich ganz durchgearbeitet hat, wird er bereit für das nächste sein. Erdulden Sie das wochenlange Herumreiten auf einem Thema. Und geben Sie ihm Raum, sich anders als verbal auszuleben! Bringen Sie ihm Actionpainting bei, locken Sie ihn in den Wald, wo er ohne Zuschauer seine Gefühle heraustanzen, -brüllen, -springen kann.

Vitamin P wie Prävention

Diese Kinder vertragen oft kein Fernsehen, da sie sehr lange brauchen, um das Gesehene zu verarbeiten!

Der Seemann profitiert stark von Routine, auch wenn die Ergebnisse oft länger auf sich warten lassen, als bei anderen Kindern. Dafür sind sie dann nachhaltiger. Auch beim Toiletten-Training wird es länger dauern, denn der Seemann möchte nicht so schnell loslassen.

Bedenken Sie: Auch wenn der Seemann häufig ein blitzgescheites Kind ist und scheinbar schnell in seinen Gedankengängen zu sein scheint – er braucht Zeit! Er ist gründlich und geht bis in die Tiefen eines Themas, auch eines Entwicklungsthemas. Währenddessen kann er sich anderen Sachen nicht so widmen. Er ist in der heutigen schnelllebigen und informationsreichen Zeit ein Anachronismus und sollte nicht gezwungen werden, sich anzupassen.

Entdecken und fördern Sie seine Ventile und seien Sie nicht enttäuscht, wenn er Sie in schwierigen Situationen abweist. Er muss erst mal in sich mit dem Problem klarkommen, bevor er jemanden an sich heranlassen kann.

Homöopathie

SULFUR • ARSENICUM ALBUM • MEDORRHINUM

Bachblüten

CHERRY PLUM – gegen die innere Anspannung und die Riesen-Ausbrüche

BLACKBERRY (Brombeere) aus den Kalifornischen Bachblüten – lockert das Zu-sehr-im-Kopf-Verankertsein; auch für häufig verträumte und/oder unkonzentrierte Kinder

PINK MULLA MULLA aus den Australischen Bachblüten – um die Stacheln, die der Seemann aus Selbstschutz ausfährt, etwas zu glätten oder zu lockern

Evtl. ROCK WATER – damit könnte dem Kind der Übergang von einer Aktivität zur anderen leichter fallen

Das Showtalent   MACHT

Das Showtalent ist die Machtspiel-Entsprechung zum Seemann. Die Wutattacken sind immer öffentlich und mit viel Drama verbunden. Wenn es Sie als zuständige Eltern nicht so nerven würde, könnten Sie sich in vielen Situationen sogar amüsieren: Was Ihr Kind da bietet, ist bühnenreif und könnte als Videoclip bei »Versteckte Kamera«-Sendungen laufen. Das Showtalent hat gelernt, dass Anfälle vor Publikum wesentlich wirksamer sind. Denn häufig geben Eltern in der Situation nach, weil ihnen der Auftritt peinlich ist.

Normalerweise pendeln Eltern von Showtalenten zwischen zwei Extremen:

Das eine Extrem: Auf das Kind eingehen, bevor es sich beim Herumwüten selbst verletzt und damit es endlich aufhört, das Einkaufscenter zusammenzuschreien. Aufs Kind eingehen kann heißen: Das Kind bekommt, worum es so ein Theater macht. Oder es wird unsanft und unter gezischten Beleidigungen der Eltern gegrabscht und auf dem kürzesten Weg ins Auto befördert.

Das andere Extrem: Gerade beim zweiten Kind tendieren Eltern stattdessen dazu, das Kind zu ignorieren. »Es ist nur ein Trotzanfall, kennen wir alles schon.« Das Kind wird schreiend auf dem Boden liegen gelassen und die Eltern tun beispielsweise so, als ob sie einfach weitergehen würden.

Wenn sie Pech haben, schaukelt sich das auf Dauer aber hoch. Es ist kein Zufall, dass gerade so viele zweite Kinder Showtalente sind. Sie sind zum Beispiel müde, fühlen sich als fünftes Rad am Wagen beim Einkaufen oder Familienfest; sie möchten mit den Großen mithalten, schaffen es aber noch nicht.

Bei den Geschwistern haben sie schon viele Dinge abschauen können und sind in der Lage, haarsträubende Trotzanfälle zu simulieren. Schauen Sie also genau hin, und lassen Sie die Machtspielchen locker an sich abgleiten. Belohnen Sie Ihr Kind mit Aufmerksamkeit, wenn es sich vernünftig verhält.

Erste Hilfe

Cool bleiben! Nicht aus dem Bauch heraus reagieren, sich vor allem nicht von eventuellem Publikum »hetzen« lassen.

Finden Sie erst mal heraus: Was will Ihr Kind wirklich in dieser Situation (siehe rechts)? Daran orientiert sich die Aufmerksamkeit, die Ihr Kind bekommt.

Homöopathie
PHOSPHOR

Bachblüten
HEATHER – gegen den Drang, immer vor Publikum / im Mittelpunkt zu stehen
BEECH – für mehr Frust-Toleranz
OAK – für kleine Geschwister, die zu sehr versuchen mitzuhalten

Ist es müde und alles zu viel?

Auf keinen Fall sollte der Wutanfall dazu führen, dass das Kind abrupt aus der momentanen Situation entfernt wird, denn das signalisiert: »Sieg auf ganzer Linie. Nächstes Mal am besten noch eher trotzen oder vehementer.«

Vermuten Sie Müdigkeit, dann setzen Sie sich ein Limit. Halten Sie mit schreiendem Kind auf dem Arm oder im Kinderwagen noch 10 bis 30 Minuten durch (je nach Alter des Kindes) und gehen Sie dann nach Hause (auf Familienfeiern etc. in ein Nebenzimmer), wo das Kind zur Ruhe geführt wird – ob es will oder nicht! (Mehr dazu unter »Der ›Ich kann nicht mehr!‹-Blues« ab Seite 106.)

Keine Müdigkeit, nur Machtspielchen pur?

Machen Sie klare kurze Ansagen. »Nein, das Auto kaufen wir nicht. Wir kaufen jetzt bei XX ein. Dann fahren wir nach Hause.«

Wichtig dabei ist, ganz ruhig zu bleiben. Sprechen Sie nicht laut oder ärgerlich – tun Sie einfach so, als verhielte sich das Kind auch ganz normal. Aber Sie bestimmen, was passiert!

Vitamin P wie Prävention

- Positives verstärken. Aufmerksamkeit geben, bevor die Stimmung kippt. Und wenn das Kind sich selbst aus einem Tief herausholt: begeisterte Aufmerksamkeit schenken, ohne das Problem zu thematisieren.

Gut Ding will Weile haben

Neue Gewohnheiten im Umgang mit dem Kind funktionieren häufig erst nach einiger Zeit. Geduld! Ihr Kind will nur sehen, ob Sie es ernst meinen.

Es wird auch immer wieder mal versuchen, die Regeln zu biegen – und das ist auch gut so. Das liegt in unserer Natur. Sich zu entwickeln heißt oft, gegen bestehende Regeln und Traditionen aufzubegehren, um sie dann zeitgemäßer zu gestalten. Dafür gibt's ab und zu eine kleine »Justierungskonferenz«, auf der die Regeln neu besprochen und gemeinsam abgesegnet werden. Das geht auch schon mit kleinen Kindern! So stärken Sie die Selbstwirksamkeit des Kindes und erziehen es zu einem Mitmenschen, der gelernt hat, seine Meinung auszudrücken und zusammen mit anderen Kompromisse zu schließen.

- Ruhepausen! (Siehe »Der ›Ich kann nicht mehr!‹-Blues« ab Seite 106.)
- Kinderperspektive einnehmen: Für Sie sind Gespräche mit anderen Erwachsenen spannend, genauso shoppen oder fein essen – fürs Kind ist es stinklangweilig. Was das verschlimmert: Kinder haben kein Zeitempfinden (Seite 18).
- Hat Ihr Kind eine Stunde oder mehr durchgehalten, dann ist das super! Belohnen Sie es mit Aufmerksamkeit und kindgerechter Beschäftigung, anstatt ihm

jetzt noch Versprechen für »nur noch 30 Minuten, dann spiele ich mit dir« abzuluchsen!

- Altersgerechte Behandlung: Zweite Kinder laufen oft mit, wenn die Großen etwas unternehmen. Aber es macht sie müde, immer mithalten zu müssen. Das würden sie aber nie zugeben! Denken Sie auch an seine Interessen, dann wird das Kind es nicht nötig haben, seine Macht testen zu wollen (siehe auch das Beispiel von Marie bei der »Sirene«).

Die Heulboje   TROTZ

Heulboje-Kinder reagieren automatisch mit Weinen auf viele Stimuli. Das ist nicht jedes Mal laut, sie sind keine »Sirenen«. Ihr Geheule kann allerdings durchaus einige Dezibel erreichen. Dabei versucht die Heulboje zu kommunizieren, verschluchzt aber ihre Worte zur Unkenntlichkeit. Keiner kann sie verstehen, das lässt sie noch ärger schluchzen …

Das Weinen ist eine automatische Reaktion. Es ist die Art Ihres Kindes, etwas zu verarbeiten, auch wenn das vielen Eltern, besonders von Jungen, absolut peinlich ist. Durch das Weinen verschaffen die Kinder sich auch Zeit.

Diese Kinder sind generell nicht so körperlich wie zum Beispiel »Widder« oder »Barbaren«. Aber sie sind verbal noch nicht so fit wie »Schiedsrichter« oder »Winkeladvokatinnen«. Wenn also die Wirklichkeit zu rasant mit ihrem Wollen kollidiert, fan-

Einmal Heulboje, immer Heulboje?

Eine Ergotherapeutin sagte uns: Kinder im Kindergarten funktionieren häufig nach Schema X – der eine kriegt immer einen cholerischen Anfall, der andere heult los. Weil sie das schon immer so gemacht haben, weil sie diejenigen in der Gruppe sind, die halt so ticken.

Deshalb kann es besser sein, wenn Kinder nicht mit den besten Kumpels bzw. besonders vielen Kindern aus ihrer Kindergartengruppe gemeinsam in die Grundschule wechseln – denn der Schulbeginn ist eine Chance zum Neuanfang, zum Finden einer neuen Rolle mit neuen Verhaltensweisen.

gen sie an zu weinen, da ihnen keine andere Strategie näherliegt.

Die Heulbojen haben auch Schwierigkeiten, allein Lösungen für ihre Probleme zu finden. Sie sind, anders als andere Trotztypen, daher für Vorschläge zur Hilfe dankbar und können sich mithilfe von außen beruhigen.

Erste Hilfe

Zeit: Lassen Sie dem Kind Zeit! Es muss sich ausheulen. Reden Sie nicht. Je mehr Sie reden, umso länger wird das Geheule dauern, da das Kind dann zuhört und nicht denken kann. Es heult aber, um eine Lösung aus dem inneren Konflikt zu finden. Also: laufen lassen.

Am besten ist es, das Geheule an sich zu ignorieren und nur auf die Fakten zu reagieren.

Durchbrechen Sie den Kreislauf aus Heulen – peinlich-berührter Aggression bei den Eltern – noch mehr Heulen …

Was steht wirklich an?

Nach einer Weile sind die meisten Eltern so genervt von dem ewigen Weinen auch bei Nichtigkeiten, dass sie das Weinen abstrafen. Mit Ungeduld, mit Nicht-Trösten, mit Anpfeifen (»Das ist doch nicht schlimm! Hör auf zu weinen!«). Machen Sie sich klar: Wie würden Sie in dieser Situation reagieren, wenn Ihr Kind nicht so oft losheulen würde? Dieses Verhalten, das Drum-Kümmern hat Ihre kleine Heulboje auch verdient – und keine Gardinenpredigt.

Wenn die Ursache des Heulens Trost oder Zusprache verlangt, gewähren Sie das. Bewerten Sie die Ursache aber unbedingt aus Kinderaugen! Wenn ein selbstgebasteltes »Buch« von einem anderen Kind stibitzt und ausgemalt wurde, finden Sie das vielleicht eine Bagatelle, ein Kind aber nicht. Und das Kind hat Recht!

Wenn Sie wissen, wo der Schuh drückt und wenn Ihr Kind verbalen Zuspruch nicht als Trost empfindet (das ist bei vielen Jungen so), dann bieten Sie eine Ersatz-Aktion an, die das Problem löst: »Wir suchen jetzt die Mütze, sie taucht schon auf.« Lässt sich das Problem nicht sofort lösen, bieten Sie konkrete Aktionen in der nahen Zukunft an: »Wir basteln zu Hause ein neues

Etwas Zaubersalbe gefällig?

Sie kennen bestimmt die **magische Wirkung von Pflastern** auf Kinder im Alter zwischen zwei und sechs. Auf jedes Kratzerchen soll ein (möglichst buntes) Pflaster, damit es gleich schon gar nicht mehr wehtut. Auch pusten hilft, sogar noch bei Vorschulkindern, um Verletzungen vergessen zu machen.

In Schreck- und Heulsituationen muss etwas anderes her, denn die »normalen« Hilfsmittel ziehen dann nicht. Ob Sie nun Calendula-Salbe oder Bepanthen verwenden und kühles Arnika-Gel gegen Prellungen: Sie schaden nicht, auch wenn das Wehwehchen nicht real, sondern nur im Gemüt Ihres Kindes entstanden ist.

Heulbojen lassen sich schnell aus der Balance bringen. Ein Tupfer Crème, ein liebevoll in ein sauberes Tuch gehülltes Kühlkissen bringen die Welt häufig wieder ins Lot, weil der Heulkrampf durch eine **positiv besetzte Aktion** durchbrochen wird (siehe oben).

Buch.« Halten Sie sich unbedingt an solche Versprechen, sonst zieht das Vertrösten beim nächsten Mal nicht!

Wenn irgend möglich, sollte die Ablenkung immateriell sein. Wenn ein Heulanfall blinden Aktionismus bei Mama oder Papa auslöst und eine kleine Spielzeug-Shopping-Tour, der langersehnte Besuch des Zoos oder Ähnliches die Ablenkung sind, erziehen Sie sich einen Absichts-Heuler (und das wäre dann ein Machtspielchen). Besser ist positive Aufmerksamkeit beim gemeinsamen Basteln, Radeln, Spielplatzbesuch: Finden Sie etwas, bei dem Ihr Kind sich ganz souverän fühlen und stolz auf einen Erfolg sein kann.

Ich wiiiiiill, aber ich da-a-a-r-f nicht!

Oft folgt das Weinen auch einem Konflikt zwischen Wollen und Nicht-Dürfen.

Heult Ihr Kind, weil es etwas haben will oder etwas anderes möchte, als jetzt ansteht? Ist es eitel Sonnenschein, bis das Wörtchen »Nein« fällt? Das sind genau die klassischen Auslöser für Trotz-Gewitter – und wo manche andere Kinder sich spuckend auf dem Boden rollen, fängt Ihr Kind eben an zu weinen und zu schluchzen. Bleiben Sie trotzdem auf Kurs: Ein vorheriges Nein bleibt ein Nein.

Vitamin P wie Prävention

Erstes Ziel ist es, dass ein Heulbojen-Kind lernt, sich selbst zu beruhigen und erst dann ruhig zu sagen, was das Problem ist. Das nimmt schon einigen Druck aus den Heul-Momenten.

Sprechen Sie sich mit der Kindergärtnerin ab, dass das Kind bei einem Heulkrampf sanft geleitet wird, erst tief durchzuatmen und dann erst zu sprechen. Es kann ein paar Monate dauern, aber dann werden Sie einen Unterschied spüren. Denn auch Ihr Kind merkt, dass es schneller Hilfe bekommt, wenn es den Heulanfall entweder nicht so ausufern lässt oder sich selbst beruhigt und dann sein Problem für andere verständlich benennen kann.

Homöopathie
PULSATILLA • BARIUM CARBONICUM

Bachblüten
RESCUE REMEDY als (zuckerfreie) Gummibärchen-Bonbons
STAR OF BETHLEHEM – generell sehr gut zur Beruhigung, wenn jemand außer sich ist
CHERRY PLUM – als »Aufmunterungs-Blüte«
FAIRY LANTERN von den Kalifornischen Essenzen – kann bei einer altersgemäßen Entwicklung helfen, gegen Hilflosigkeit, für »Nesthäkchen«
ROSEMARY von den Kalifornischen Essenzen – stärkt Konfliktfähigkeit und Selbstvertrauen
MIMULUS – bei bestimmten Ängsten und / oder ASPEN – bei unbestimmten Ängsten
LARCH – mehr Selbstvertrauen, mehr Zuversicht
SCLERANTHUS – Ausgeglichenheit, weniger Stimmungsschwankungen
ROCK ROSE – bei Panik

Die Sirene

Sirenen sind oft sehr freundliche und charmante Kinder, die sich gern an Erwachsenen orientieren. Sie setzen ihr Aussehen und ihr Lächeln gezielt und geschickt ein. Bekommen sie aber nicht, was sie gerne möchten, dann geht's rund: Die Sirene heult laut los. Sie weint nicht, nein, es ist vielmehr ein Ton wie bei einer Bombenwarnung, an- und abschwellend. Manchmal ist Sprache mit dabei: HUUUUUIIIIchwillaberUUUUUUUUUdubist sooooogemeiiiiinHUUU!!!

Die Sirene kann weiblich oder männlich sein. Gemeinsames Merkmal: Jede Frustsituation ist mit viel Geschrei und Action verbunden, egal ob »öffentlich« oder privat. Das unterscheidet die Sirene vom »Showtalent«, wo die »Trotzanfälle« nur vor Zeugen so lautstark sind. Bei Jungen schlägt der Trotzanfall eventuell nicht in Weinerlichkeit um, sondern in extreme Bockigkeit oder Aggression. Das muss aber nicht geschlechtsabhängig sein!

Sirenen sind das genaue Gegenteil vom »Stummen Druckser«. Wo der Sie ausbremst und bis zur Weißglut treibt, liegt das Blatt bei der Sirene offen auf dem Tisch.

Die Sirene ist sich schnell der Aufmerksamkeit sicher und wird dann leiser und weinerlich. Falls sie dann bekommt, was sie möchte, lächelt sie einen schnell aus tränenumflorten Augen wieder an. Falls nicht, ist sie völlig verständnislos und versucht, die Umstehenden mit ins Boot zu holen. Sobald sie sprechen können, machen Sirenen vor extremen Beugungen der Wahrheit nicht halt und sind nicht bereit, auf etwas zu verzichten.

Erste Hilfe

Mit Sirenen lässt es sich schlecht diskutieren. Sie sind sehr egozentrisch und nicht gewillt, den Standpunkt anderer wahrzunehmen. Daher nicht reden, sondern belohnungsorientiert arbeiten! Die Sirene wird für erwünschtes Verhalten belohnt, alles andere wird ignoriert.

Beispiel: Das Kind will immer mehr Spielzeug (siehe auch »Kleiner Häwelmann«, Seite 91). Vielleicht hat es die Erfahrung gemacht, dass es mit Kaufen belohnt wird. Nun hat man das Theater jedes Mal, wo auch immer man hingeht: Das Kind möchte etwas kaufen. Da kann schon früh Taschengeld helfen. Das Kind kann sich auch Geld verdienen (Spülmaschine einräumen, etc.). Vorteil: Der Erwachsene hat nicht das bittere Gefühl, wieder nachgegeben und irgendeinen Mist gekauft zu haben, sondern er kann sich lässig zurücklehnen und zuschauen, wie das Kind etwas lernt: Das Geld ist weg, und es kommt wieder etwas Tolles, das es haben will ... Nun darf man als Erwachsener nicht den Fehler machen und hämisch werden, sondern sollte sanft darauf aufmerksam machen, dass es sich oft lohnt, abzuwarten und das Angebot zu sichten, bevor man sein Geld ausgibt. Hier stärkt man die Entscheidungskraft des Kindes, auch »Selbstwirksamkeit« genannt. Das Kind lernt, dass seine Entscheidungen

Konsequenzen haben, etwas in der Welt bewirken. Hat hingegen der Erwachsene entschieden, lernt das Kind nur, dass es keine Rechte hat, und wird immer lauter nach solchen verlangen.

Aber auch ein abstrakteres Belohnungssystem kann Abhilfe schaffen: Geht eine Situation ohne Ausraster vorbei, die bisher in ein Mordstheater mündete, gibt's »Punkte«, die am Abend eingelöst werden können. Gut wäre, wenn diese Punkte nicht in Materielles eingelöst werden können, sondern in gemeinsame Zeit oder Aktivitäten, wie zum Beispiel Vorlesen, Kuchen backen, Ponys streicheln gehen, etc.

Vitamin P wie Prävention

Geht eine Situation glimpflich vorüber, ohne den von Ihnen erwarteten Trotzanfall, oder lenkt Ihr Kind von sich aus ein (das ist ab dreieinhalb / vier Jahren möglich), dann beschenken Sie es mit positiver Aufmerksamkeit. Thematisieren Sie aber dabei das Thema »Trotzanfall« nicht im Entferntesten. Also nicht: »Weil das heute so super ohne Geschrei geklappt hat, gibt's jetzt ein Eis.«

Wichtig auch: Ruhepausen (siehe »Der ›Ich kann nicht mehr!‹-Blues« ab Seite 106) und Kinderperspektive einnehmen (siehe »Das Showtalent«, Seite 40).

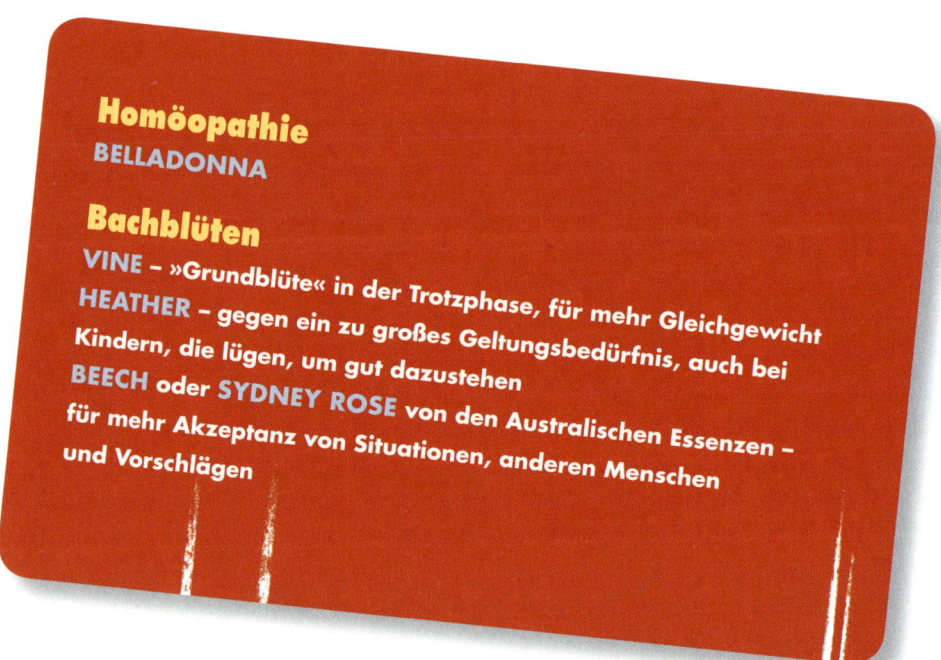

Homöopathie
BELLADONNA

Bachblüten
VINE – »Grundblüte« in der Trotzphase, für mehr Gleichgewicht
HEATHER – gegen ein zu großes Geltungsbedürfnis, auch bei Kindern, die lügen, um gut dazustehen
BEECH oder SYDNEY ROSE von den Australischen Essenzen – für mehr Akzeptanz von Situationen, anderen Menschen und Vorschlägen

Einmal Sirene, immer Sirene?

Testen Sie, ob Ihre Sirene eine Sirene bleibt, wenn sich die äußeren Rahmenbedingungen ändern. So kannten Maries Eltern ihr zweites Kind nur als Sirenen-Trotzer, mit Riesen-Trara. Ihr erstes Kind war eher ein stummer Druckser gewesen, deswegen mussten sie sich erst an Maries Schrei-und-Tamtam-Auftritte gewöhnen.

Als Maries großer Bruder zwei Wochen mit den Pfadfindern unterwegs war, trotzte Marie mit einem Mal viel weniger und vor allem anders, viel dezenter. Man könnte es für einen Entwicklungsschritt halten, wenn nicht die »alte« Marie mit Rückkehr des Bruders sofort wieder da gewesen wäre.

Also machten Maries Eltern den Test und schickten ihren Sohn eine Woche zu den Großeltern. Schwupps, war die viel angenehmere Marie wieder da. Der Auslöser war aber nichts Offensichtliches: Eigentlich verstanden sich beide Kinder blendend und Marie vermisste ihren großen Bruder sehr, wenn er nicht da war. Trotzdem half es enorm, dass sich die Eltern in den folgenden Wochen Strategien überlegten, wie Marie mehr Zeit mit einem Elternteil verbringen könnte, ohne dass der große Bruder dabei war.

Die Schiedsrichterin TROTZ

Die Schiedsrichterin und die »Winkeladvokatin« sind sich ähnlich.

Eine Schiedsrichterin (genauso: ein Schiedsrichter!) rechnet genau auf. Sie kann später problemlos Bankangestellte werden, denn sie ist sich über Soll und Haben stets im Klaren. Ist es Zeit aufzuräumen, kann sie noch genau nachverfolgen, welches Klötzchen sie gelegt hat – und auch nur die wird sie wegräumen. Sie sieht überhaupt nicht ein, Arbeit von jemand anderem auch zu übernehmen.

Auch Anwältin wäre ein guter Beruf, denn sie kann endlos über ihren Standpunkt diskutieren, ähnlich der »Winkeladvokatin« (Seite 51). Oft endet man als Elternteil dann in einem entnervten »Weil ich es so will!«, was dann einen großen Trotzanfall hervorruft.

Die Schiedsrichterin trotzt wütend und lautstark argumentierend. Sie bezieht gern die Umwelt mit ein, die sie auf die Ungerechtigkeiten aufmerksam macht, die ihr widerfahren: »Ich muss jetzt auch noch die Sachen aufräumen, die der Paul da hingetan hat, nur weil der schon früher abgeholt wurde! Das ist ungerecht!« Und anstatt die Aufräumarbeit hinter sich zu bringen, hat sie auch kein Problem damit, ihren Standpunkt ausführlich mit weiteren Zuschauern zu diskutieren. Und man kann sich sicher sein: Sie wird es Paul am nächsten Tag auch noch aufs Brot schmieren …

Die Schiedsrichterin ist wirklich echter Trotz, denn sie kann nicht anders. Sie argumentiert auf Teufel komm raus, um die scheinbare Ungerechtigkeit der Welt ihr gegenüber in ihrem Kopf zu ordnen. Sie ist dabei nicht logisch, sondern wütend!

Schimpft man deswegen mit ihr, dann macht sie das vielleicht später zu einem Griesgram, der nur schwer Freude am Leben finden kann – denn das Verständnis einer »gerechten Welt« ist Teil ihres Wesens. Wenn sie wieder klar denken kann, ist es möglich (und spannend), mit ihr über Gerechtigkeit zu diskutieren.

Erste Hilfe

Was tun? Im akuten Fall nicht diskutieren! Stattdessen ein glasklares Regelsystem entwickeln. Eine Schiedsrichterin braucht Regeln, sie (oder er) fordert sie ja permanent ein!

Hängen Sie die Regeln gut sichtbar auf, für das Kind verständlich aufbereitet.

Und: Wenn Sie einmal eine Entscheidung getroffen haben, weichen Sie nicht davon

»DAS DARF NUR DIE MAMA MACHEN!«
Wie Sie mit dem Teamleiter Kind umgehen, lesen Sie auf www.land-der-abenteuer.de/teamleiter-kind.

ab, so sehr Sie sie auch bereuen mögen! Der Schiedsrichter merkt sich das und wird es nächstes Mal gegen Sie verwenden. »Letztes Mal hast du aber auch ...«

Ihre Prämisse: Nicht reden, sondern handeln. Vermutlich sind Sie kommunikativ begabt, sonst wäre Ihr Kind nicht so ein ausgesprochenes Diskussionstalent. So sehr es Sie lockt: Bewegen Sie sich nicht auf sein Kampffeld, sondern verfügen Sie gottgleich. Ihr Kind wird lautstark trotzen und motzen – das darf es auch. Aber dann muss es trotzdem das tun, das Sie »ungerechterweise« über es verhängt haben, wie zum Beispiel seine Zähne putzen oder alle Bauklötze aufräumen.

Vitamin P wie Prävention

Lassen Sie die Schiedsrichterin immer mal wieder schmecken, wie es sich anfühlt, wenn Sie nach ihrem Vorbild handeln. Wenn Sie nur Ihren Platz am Esstisch abräumen, Ihr Kind allein seine Sachen zusammenlegen und bei der Freundin das Chaos aufräumen muss, das es verursacht hat, denn »Wieso soll ich dir helfen? Das habe ich nicht gemacht«.

Leben Sie Ihren Kindern vor, wie man gelassen mit banalen »Ungerechtigkeiten« umgeht, beispielsweise Vordrängeln, großem Stück/kleinem Stück Kuchen etc. Nehmen Sie solche Situationen mit Humor oder schauen Sie dahinter, warum sich zum Beispiel jemand vordrängelt (es gibt oft Gründe).

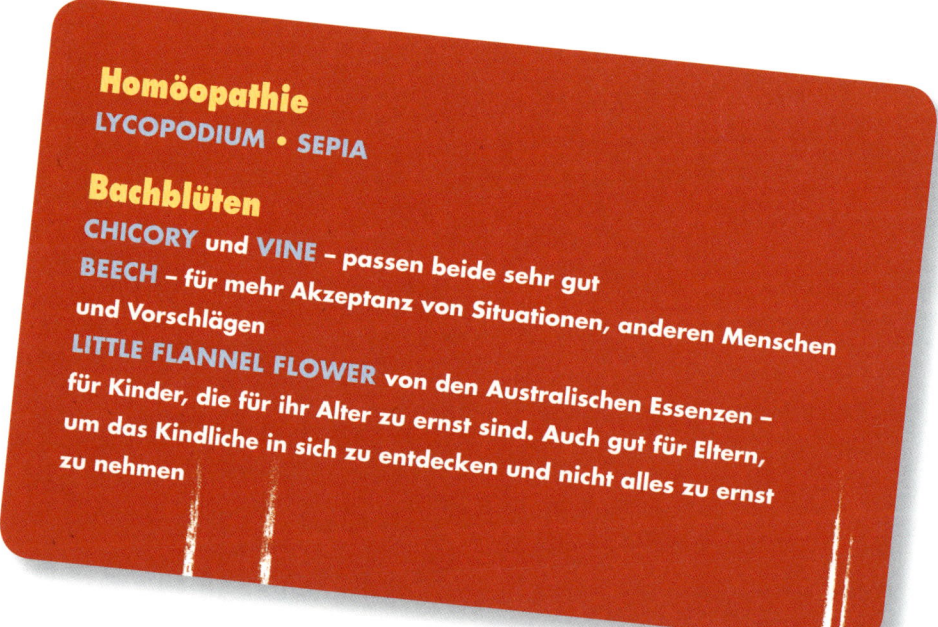

Homöopathie
LYCOPODIUM • SEPIA

Bachblüten
CHICORY und VINE – passen beide sehr gut
BEECH – für mehr Akzeptanz von Situationen, anderen Menschen und Vorschlägen
LITTLE FLANNEL FLOWER von den Australischen Essenzen – für Kinder, die für ihr Alter zu ernst sind. Auch gut für Eltern, um das Kindliche in sich zu entdecken und nicht alles zu ernst zu nehmen

Die Winkeladvokatin `MACHT`

Die Winkeladvokatin ist manchen anderen Trotztypen einen Schritt voraus: Sie (oder er!) ist komplett auf der verbalen Ebene angekommen, wo der Widder oder die Heulboje noch sprachlos einem Trotzgewitter ausgesetzt sind, das sie durchschüttelt.

Die Advokatin diskutiert und argumentiert, bis die Eltern es leid sind und klein beigeben.

Viele Winkeladvokaten fragen auch Wildfremden einfach ein Loch in den Bauch, ohne jedes Gefühl für Distanzzonen – und merken sich das Gesagte als Futter für zukünftige Diskussionen mit den Eltern.

Die Sprünge vom altklugen Weisen (»Es ist erwiesen, dass Schuhe nicht gesund für Kinderfüße sind!«) zur kindlichen Argumentation (»Ich kann das nicht holen, weil Treppensteigen für mich immer zu aufregend ist!«) sind manchmal unfreiwillig komisch.

Nicht komisch ist, dass sich die Advokaten liebend gern auch in völlig unsinnige Argumente verbeißen.

Advokaten haben es schwer, denn sie stoßen unerwartet auf Ablehnung, weil sie nicht dem Klischee des »niedlichen Kindes« entsprechen: Sie wirken altklug, drängen sich (verbal) auf, haben in jeder Lebenslage noch einen Spruch auf Lager und wirken sehr egozentrisch, da es ihnen scheinbar egal ist, ob ihr Gegenüber schon sprachlich ermattet in den Seilen hängt.

Dass sie immer mal wieder einen auf die Mütze kriegen von Kindern, die verbal noch nicht so weit sind oder keine verbale Auseinandersetzung gelernt haben, verstehen sie nicht.

Erste Hilfe

Wie die Schiedsrichterin pocht die kleine Anwältin auf Regeln und »Gesetze«, nutzt jedes Fitzelchen ihres Wissens als Maßstab für ihre Forderungen aus. Stellen Sie klare Regeln auf (siehe »Die Schiedsrichterin, Seite 49) – an die sich alle in der Familie halten müssen. So nehmen Sie der Advokatin schon einigen Wind aus den Segeln.

Herrschen statt Geborgenheit

Diplom-Psychologin Jirina Prekop (»Der kleine Tyrann«) schreibt, dass jedes Kind auf der Suche nach Sicherheit und Geborgenheit ist. Wenn es sich als stärker als Vater und/oder Mutter erlebt, versucht es, sich die Sicherheit anders zu holen, nämlich durch das Mittel »Macht ausüben«. Da es durch dieses Ersatzmittel aber immer noch nicht die Geborgenheit und Sicherheit erlangt, die ihm starke Eltern vermitteln würden, ist es gefangen in einer Aufwärtsspirale des Machtausübens …

Lassen Sie sich bei Diskussionen um die Regeln nicht die Entscheidungshoheit nehmen und entscheiden Sie nicht zu schnell. Im Zweifelsfall bitten Sie sich Bedenkzeit aus, und besprechen Sie alles mit ihrem Partner in Ruhe, ohne Kind. Und entscheiden Sie dann erst. Das Kind muss das Gefühl haben: Ich darf mitentscheiden, aber die Hauptverantwortung liegt bei Mama und Papa.

Gefahr: Lassen Sie sich von Ihrem Kind nicht auf eine Seite ziehen. Gerade die Winkeladvokatin kann das besonders gut, da sie nicht, wie die Schiedsrichterin, von einem Trotzgewitter geschüttelt wird, sondern ein Machtspiel spielt. Mama und Papa sollten sich einig sein und die Entscheidungen, die gemeinsam gefällt wurden, nicht infrage stellen.

verteidigerin. Geht jemand die Eltern oder einen Freund der Advokatin an, werfen sich die meisten wie Terrier in den »Kampf«. Sie empfinden sich grundsätzlich auf Augenhöhe – und werden für Sie bzw. beste Freunde verbal streiten, selbst wenn die Fetzen fliegen.

Nutzen Sie seinen hellen Kopf und die Liebe zur Kommunikation: Führen Sie Ihr Kind mit Traumreisen zur Entspannung (siehe »Autogenes Training und Meditation«, Seite 127 und Anhang).

Prüfen Sie den Wissensinput: Kann es sein, dass Ihr Kind zu häufig Gesprächspartner für Sie oder eine andere erwachsene Bezugsperson ist? Irgendwoher bezieht die Advokatin ihre vielen Infos und ihren Argumentationsstil. Versuchen Sie,

Vitamin P wie Prävention

Bringen Sie Ihrem Kind bei, dass nicht jeder verbal reagieren kann, und nutzen Sie jede Gelegenheit, zu verdeutlichen, wie sich Emotionen eines Menschen nonverbal ausdrücken. So lernt eine Winkeladvokatin, Abwehrsignale eines Gegenübers frühzeitig zu lesen. Gleichzeitig können Sie Wutsituationen entschärfen, indem Sie ihm oder ihr eine Denknuss zu knacken geben – denn Advokaten werden das Lesen von Körpersprache als Denksport betrachten.

Führen Sie sich immer die positiven Seiten dieses Kindertyps vor Augen: Dieses Kind ist nicht nur ein Kommunikationsgenie, sondern auch eine furchtlose Straf-

Homöopathie
LACHESIS · CAUSTICUM

Bachblüten
VINE – besonders bei diesem Typ
OAK – für mehr Bewusstsein für den eigenen Körper, auch um mehr aus der »Kopfwelt« in den Körper zu gelangen
ROCK WATER – wenn Ihr Kind gleichzeitig zu perfektionistisch und ehrgeizig ist

sie mehr unter Gleichaltrige zu bringen; vielleicht können Sie sie mit einem Kind verbandeln, das ähnlich tickt. Das ist besser für sie, als wenn sie als Ersatz-Erwachsene herhalten muss.

Vom Kopf auf die Füße

»Verkopften« Kindern wie dem Advokaten und dem Schiedsrichter tut es gut, stärker in ihrem Körper und ihren Gefühlen verankert zu werden. Das fängt bei den Schuhen an: Lassen Sie sie so viel wie möglich barfuß laufen und wo das nicht möglich ist, in sogenannten »Barfußschuhen« (zum Beispiel »Fivefingers« von Vibram). Machen Sie Fühl- und Zehenspiele, locken Sie sie auf interessante Barfußpfade – mit Barfußschuhen geht das auch im Herbst und Frühling. Benutzen Sie ein Belohnungssystem, falls diese Übungen ihrem Advokaten als »Babykram« erscheinen.

Der Grantl-König   TROTZ

Dieses Kind könnte man bösartig auch als beleidigte Leberwurst bezeichnen. Schon ein »Hallo« im falschen Moment erbost seine kleine Majestät. Alles kann noch so schön und harmonisch sein – Grantl-König oder -Königin sitzt dazwischen und kriegt alles in den falschen Hals.

Alle Versuche, Seine Eminenz aufzuheitern, werden ignoriert oder mit Gegrantel weggebissen, bis Sie irgendwann nur noch zurückgranteln oder so gereizt sind, dass Sie sich im Ton vergreifen – und der Grantl-König erst recht was zu meckern hat.

Diese Kinder haben zu knabbern an dem Unterschied zwischen ihren Erwartungen und der Realität. Sie brauchen sehr lange, bis sie sich auf eine neue Situation einstellen können. Am liebsten haben sie immer das Gleiche und tun sich auch mit dem Lernen von Neuem schwer. Sie mögen Dinge nicht anfangen, von denen sie nicht genau wissen, wie sie enden (und ob sie sie meistern). Die erste Reaktion auf Vorschläge ist daher meist ein stures »Nein«.

Im Unterschied zu anderen Kindern fordern sie recht wenig. Sie sind mit dem immer Gleichen zufrieden – was sie zu einem Trotzanfall bringt, sind Vorschläge wie: »Probier doch mal den Fisch, er ist köstlich!«, »Rutsch doch auch mal die lange Rutsche, das ist toll!« oder »Wie wäre es, wenn wir dein neues Fahrrad nun ausprobieren?« Grantler wollen das nicht, sie wollen nicht probieren – und wenn überhaupt, dann entscheiden sie selbst, wann sie es wollen.

Erste Hilfe

So lange sich der Grantl-König nicht zu einer »Nörgel-Prinzessin« weiterentwickelt, können Sie ihn gewähren lassen.

Meckern Sie nicht zurück, sondern bewahren Sie sich die Stimmung, die Sie ohne Grantl-Kind in der jeweiligen Situation hätten. Versuchen Sie aber nicht, ihn aufzumuntern. Gut, man fühlt sich nach ein paar Stunden völlig Banane, wenn man immer krampfhaft versucht, die gute Laune im Angesicht des Obergrantlers aufrechtzuhalten. So, als hätte man Drogen genommen, die die ganze Welt schön bunt und angenehm machen, während Ihr Kind die harte Realität sieht. Tatsächlich ist es aber genau umgekehrt: Irgendetwas in Ihrem Kind färbt seine Stimmung unabhängig von seiner Umgebung düster. Gestehen Sie ihm zu, schlechte Stunden und schlechte Tage haben zu dürfen.

Vitamin P wie Prävention

Ein Grantl-König muss lernen, dass nur respektvolles Benehmen »belohnt« wird mit Aufmerksamkeit und Trost. Wer den ganzen Tag andere anknatscht, bekommt nicht auch noch frei Haus den Mama- oder Papa-Entertainer geliefert, der immer neue Pick-me-ups anbietet, von Lego-Shoppen bis Plätzchenbacken.

Als Eltern nimmt man Rücksicht auf Grantls Eigenheiten, da man möchte, dass er glücklich ist. Besser: Geben Sie dem Grantler den Raum, der ihm zusteht – lassen Sie ihn »nein« sagen. Aber nehmen Sie das Nein ernst und lassen Sie den natürlichen Konsequenzen ihren Lauf: Wer Nein sagt, kriegt keine Extrawurst. Auch im wahrsten Sinne des Wortes: Gerade in Essens-Situationen ist es häufig der Grantler, der einen Extrateller vor sich hat …

Homöopathie
THUJA · CALCIUM CARBONICUM

Bachblüten
GENTIAN – kann aus kleinen Pessimisten Realisten machen
CHERRY PLUM, BEECH – die Welt in schöneren Farben schimmern lassen
SCLERANTHUS – für mehr Ausgeglichenheit, weniger Stimmungsschwankungen
WALNUT – damit Kinder Neues wagen, Veränderungen auch als positiv bewerten können
CAYENNE von den Kalifornischen Essenzen – bringt den sprichwörtlichen Pep dieser Pflanze, damit man sich traut, sich aus Verhaltensmustern zu lösen und Veränderungen zu ertragen

Wertschätzung

Wenn Ihr Kind wieder so richtig schön vor sich hintrotzt, probieren Sie mal eine Technik aus, die uns Kim Corrall vom Blog »Upstream Parenting« vorgestellt hat (http://upstream-parenting.com).

Und so geht's: **Sie konzentrieren sich darauf, dem Gegenüber stumm Liebe und Wertschätzung zu senden** – ohne ein einziges Wort zu sagen und ohne irgend-ein Aufhebens um das zu machen, was Sie tun.

Kim erzählte, wie verblüfft sie anfangs war, dass man mit dieser simplen Technik ange-spannte Situationen und Menschen wirklich entschärfen kann. Und wie gut es bei ihrem schwer trotzenden Sohn funktionierte!

Sie müssen aber nicht auf den nächsten Trotz-anfall warten: Es tut Kindern auch gut, wenn Sie immer mal wieder zwischendurch diese Technik anwenden, zum Beispiel vor dem Ein-schlafen. (Auch Ihnen tut das richtig gut – siehe auch »Dankbarkeit trainieren«, Seite 138.)

Dass es funktioniert, kann man auf verschie-denen Ebenen erklären. Manche Autoren wie zum Beispiel Rita Messmer behaupten, dass Babys noch telepathisch begabt sind. Je mehr sie unsere »richtige« Sprache lernen, desto mehr gehe diese Fähigkeit verloren. In-dem Sie telepathisch Wertschätzung senden, erreichen Sie also ein zwei- bis dreijähriges Kind vielleicht noch.

Es kann auch an Handfesterem liegen, wieso diese Technik funktioniert. Denn **wenn Sie die Liebe und Wertschätzung wirklich spüren, verändert sich Ihre Einstel-lung gegenüber dem Kind** – mitten im größten Trotzanfall. Die Veränderungen in Ihrer Mimik, Ihrem Blick, Ihrer Körpersprache sind vielleicht nur mikroskopisch klein, aber Kinder sind exzellent im Erkennen solcher Hinweise! Der größte und entscheidende Effekt ist aber, dass Sie, statt mit Stress und negativen Emotionen randvoll gefüllt zu sein, jetzt an etwas Positives und Schönes denken. Das senkt Ihren Stresspegel so weit, dass Sie einen Ausweg aus der Situation finden kön-nen oder den Trotzanfall leichter an sich ab-perlen lassen können.

Die Nörgel-Prinzessin MACHT

Sie (oder er) ist ein Teenager im Mini-Format. Das genervte Stöhnen über Situationen und Menschen ist die Instinkt-Reaktion. Aus Eltern und gemeinsamen Aktivitäten wird gern mit ein paar Worten die Luft rausgelassen (»Oach, ist das laaa-angweilig!«). Bei Ermahnungen stakst sie ins Zimmer, knallt die Tür, dreht vielleicht eine CD laut auf. Manche Eltern kriegen von ihrer Dreijährigen schon blöde Sprüche reingedrückt, bei denen sie die Ohren anlegen.

Wenn die Eltern der Nörgel-Prinzessin auch immer halbleere Gläser sehen und schnell genervt stöhnen, dann wird ihnen das Verhalten ihres Sprösslings nicht unbedingt negativ auffallen. Leidtun können einem hingegen die Eltern, die schnell zu begeistern sind und aus denen tagtäglich ihr eigenes Kind die Luft rauslässt.

Das klingt erst mal nicht so drastisch, nicht? Dass man eine Nörgel-Prinzessin im Haus hat, merkt man am ehesten im Vergleich mit altersgleichen Kindern. Einer der wunderbaren Aspekte beim Großziehen eines Kindes ist ihr hemmungsloser Enthusiasmus. Ekstatisches Gejubel über gemeinsames Plätzchenbacken, einen Ausflug in den Zoo, den ersten Schnee etc. bringen ein Stück eigene Kindheit und Magie in das Leben von Eltern. Fehlt das völlig, stimmt irgendetwas nicht. Nicht unbedingt mit dem Kind – es kann auch an falschen Vorbildern liegen oder eine Abwehrreaktion sein.

Erste Hilfe

Bloß nicht cool bleiben, sondern die Richtung ansagen!

Ganz häufig hören wir von den Eltern des Nörgel-Adels, dass sie doch gut mit dieser »Trotz«-Reaktion leben können. »Ist doch viel besser auszuhalten, als die Kinder mit Tobsuchtsanfällen oder die Heuler«. Kann schon sein, aber machen Sie sich klar: Das, was Ihr Kind Ihnen da zeigt, ist ein Machtspiel, kein Trotz. Und Respektlosigkeit. Vergleichbar mit einem Kind, das Vater oder Mutter haut, boxt, tritt oder beißt. Nur dass Ihr Kind statt der körperlichen die verbale Ebene benutzt!

Nehmen Sie es nicht kampflos hin, dass Ihr Kind Ihnen regelmäßig Ihre gute Laune verdirbt: »Ich habe gute Laune und die lasse ich mir nicht vermiesen.« Oder »Ich möchte nicht, dass du so etwas zu mir sagst«.

Erklären Sie Ihrem Kind kurz und knapp, was Sie in der jeweiligen Situation stört – und schicken Sie es zur Not in sein Zimmer. Auch Ansage plus Ignorieren funktioniert gerade bei den nicht so schweren Fällen meist sehr gut.

Türen knallen, Abgang mit Theater, CD anstellen auf volle Lautstärke? Ihr Kind darf sich nur dann aus Ihrer Gegenwart entfernen, wenn es Sie gefragt hat: »Darf ich in mein Zimmer gehen?« und Sie dem zugestimmt haben. Wird die Spielregel nicht eingehalten, muss es bei Ihnen ausharren.

Alle Vorschläge abschmettern: Oft sind Unlust-Äußerungen des Kindes auch eine Abwehr, weil es durch die vielen Optionen überfordert ist. Bieten Sie maximal zwei Optionen bei Dreijährigen und maximal drei Möglichkeiten bei Vier- bis Fünfjährigen. Gibt's nur »Ist das blöööd!« oder »Will niiiicht!«-Reaktionen, reduziert sich die Anzahl der Optionen schlagartig auf Null – dann wird nämlich gemacht, was Sie für das Beste halten!

Ihre »Strafe« muss zum Typ Ihrer Nörgel-Prinzessin passen. Für einen vom Nörgel-Adel, der am liebsten autark in seinem eigenen Reich thront, ist ein Time-Out im eigenen Zimmer eher Belohnung als Strafe. Genau das gibt's eben nicht bei Fehlverhalten, sondern vielleicht eine kurze Auszeit auf einem Stuhl direkt an Ihrer Seite. Das wird Ihr Mini-Teenager echt ätzend finden.

Zu preußisch?

Die Beispiele und Vorschläge für die Nörgel-Kinder klingen vielleicht nach zu viel »Zucht und Ordnung«. »Das arme Kind! Es darf noch nicht mal in sein Zimmer gehen, wenn es möchte!« Halt! Erstens ist es ein Gebot gegenseitiger Höflichkeit, dass sich Familienmitglieder informieren, wenn sie etwas anderes machen. Es ist genauso unhöflich, wenn Sie Ihr Kind ohne Erklärung stehenlassen und längere Zeit den Raum verlassen. Bei Nörgel-Kindern geht es aber noch weiter: Ihr Verhalten ist ein Machtspiel. Wer andere derart strammstehen lässt, wie es die Nörgel-Prinzessin tut, der sollte mit seiner eigenen Medizin behandelt werden. Ansonsten gilt natürlich: Gutes Verhalten wird belohnt.

Sie sind Mutter / Vater, nicht Entertainer

Sie haben eine spannende Kinder-Aktivität für Sie beide gebucht – und Ihr Kind findet wieder alles besch … eiden und total unter seinem Niveau?

Sagen Sie ihm, wie langweilig und blöd Sie die Reaktion finden. Und machen Sie dann trotzdem mit und genießen Sie den Spaß. (Tun Sie zur Not so.) Reden Sie Ihrem Kind nicht gut zu und erlauben Sie ihm auch nicht, sich anderweitig zu beschäftigen. Es kann, ohne Gemecker, mitmachen. Oder es kann aus einer Ecke zusehen. Mehr als diese Optionen gibt es nicht.

Klare Grenzen ziehen

Ihr Kind ist noch kein Teenager und es sollte sich auch nicht so benehmen. Klar sind Wutreaktionen eine Typ-Sache, aber es wäre altersgemäßer, wenn Ihr Kind sich heulend und tobend auf dem Boden rollen würde, anstatt die erste Abnabelung von Ihnen verbal und teilweise hart an der emotionalen Schmerzgrenze auszuleben.

Erst wenn Sie das Benehmen Ihres Kindes nicht so hinnehmen, sondern ihm deutlich Grenzen setzen, klare Ansagen machen und ihm maximal zwei Optionen geben, kann es sich altersgemäß an Ihnen »abarbeiten«. Gerade in den ersten Wochen wird Ihr Kind am Rad drehen bei der neuen Behandlung. Soforthilfen finden Sie zum Beispiel unter »Widder« (Seite 32), »Seemann« (Seite 38), »Heulboje« (Seite 42) und anderen Kindertypen – je nach Verhalten, das Ihr Kind jetzt zeigt. Mittel- bis langfristig wird es aufblühen, versprochen!

Vitamin P wie Prävention

Zeigt das Kind doch endlich mal für etwas Begeisterung, sind die Eltern der Nörgel-Prinzessinnen meist so erleichtert, dass sie jede Kleinigkeit euphorisch loben. Es ist schwierig, hier den Mittelweg zu finden, aber versuchen Sie es. Wie reagiert denn Ihr Kind, wenn Sie ihm begeistert oder stolz etwas zeigen oder erzählen? Sie können oft schon froh sein, wenn Sie ein »ach soo« kriegen statt gar keiner Reaktion; ganz arg ein »Das ist aber hässlich. Was soll denn das sein?« Spiegeln Sie nicht Ihrem Kind das eigene Verhalten, aber lassen Sie es ruhig mal ein wenig strampeln, um für echte Leistungen gelobt zu werden.

Wie schon eingangs erwähnt, kann das Verhalten der Nörgel-Prinzessin auffallend anders als das ihrer Eltern sein – oder genauso. (Auch beliebt als Vorbilder: beste Freundinnen.) Prüfen Sie Ihre eigenen Reaktionen und das Umfeld Ihres Kindes: Lebt jemand derart ablehnende Reaktionen vor? Wo kommen die blöden Sprüche her? Ob Sie sich nun an die eigene Nase fassen müssen oder an die einer anderen Person: Versuchen Sie entweder das Benehmen des Vorbilds abzustellen oder ihr Kind aus dem Einflussbereich dieser Person zu entfernen.

Homöopathie
CHAMOMILLA • SULPHUR

Bachblüten
BEECH – gegen das Überkritische und die Intoleranz
CALIFORNIA WILD ROSE von den Kalifornischen Essenzen – vertreibt Langeweile gibt mehr Elan
CHICORY – um nicht mehr so ichbezogen zu agieren
HEATHER – um ein Gespür für andere zu entwickeln
GENTIAN – weniger Pessimismus
HOLLY – wenn ein Kind randvoll von negativen Gefühlen zu sein scheint
WILLOW – Verantwortung für eigenes Handeln entwickeln

Der stumme Druckser   MACHT

Der stumme Druckser ist ein eher unauf-
fälliger Typ. Im Unterschied zum Grantl-
König haben wir hier aber jemanden, der
ziemlich genau weiß, was er will (oder auch
nicht), es aber nicht sagt.

Er bremst, als Machtspielchen, seine
Eltern durch Schweigen aus. Das ertragen
Väter normalerweise besser als Mütter.
Frauen fühlen sich gleich abgestraft – Papa
findet es »normal«. Eskalationsstufe zwei
hingegen bringt Vater wie Mutter auf die
Palme: Da zieht das Kind stur durch, was es
sich in den Kopf gesetzt hat, egal, ob seine
Umgebung der Kernschmelze nahe ist.

Häufig zieht der stumme Druckser sein
Ding auf Kosten anderer durch: Er soll sich
eigentlich mit anderen Kindern abwech-
seln, soll einen Gegenstand wieder rausrü-
cken, der ihm nicht gehört, soll seinen Platz
für ein anderes Kind oder Sie räumen. Oder
er soll einfach mal machen, was alle anderen gerade machen, weigert sich aber.

Erste Hilfe

Frauentypisch ist normalerweise ein Hinre-
den. Reagiert das Gegenüber immer noch
nicht, werden Frequenz und Intensität erhöht. Das lässt den stummen Druckser
aber völlig kalt. Er (oder sie) ignoriert
Sie einfach komplett. Verinnerlichen Sie:
Nichtreden ist in Ordnung. Stellen Sie sich
vor, Sie sind beide Cowboys im Western:
»Hast Du was gesagt?« »Nee, das war ges-
tern.«

Machen lassen

Kann es sein, dass Ihr Kind recht hat mit
seinem stummen Beharren darauf, seinen
eigenen Willen ausüben zu wollen? Gerade
Kinder, die sich überbeschützt fühlen, oder
Jungen ab vier, denen zu viel »Babygetue«
vor ihren Kumpeln peinlich ist, neigen
dazu, auf stumme Verweigerung zu
schalten. Das kommt nicht unbedingt in
den Situationen zum Tragen, in denen Sie
glucken, sondern vielleicht erst ein paar
Stunden später.

Sofern niemand anderes (auch nicht Sie)
beeinträchtigt wird, lassen Sie Ihrem Kind
doch mal den Willen, den es so vehement
austesten will! Nehmen Sie ein »Nein« oder
seinen Wunsch ernst.

Sofern er mit seinem Verhalten Grenzen
austesten will im Sinne von »Mama wird
mich schon zurückholen, wenn's gefährlich
wird«, dann lassen Sie ihn, so oft es ungefährlich möglich ist, die Konsequenzen seiner Handlungen spüren.

Keine Extrawürste! Ein typischer Druckser hat zum Beispiel »keinen Hunger«,
wenn alle essen. Das führt dazu, dass er immer eine Extrawurst bekommt, was sein
Verhalten nur verstärkt. Bleiben Sie auch
stur! Jetzt nichts essen? Die nächste Mahlzeit kommt bestimmt.

Der stumme Druckser geht zu weit?

Wenn sein stummes Beharren jemand anderen verletzt oder sehr stört und Sie ihn
dann »sein Ding« machen lassen, lernt der
stumme Druckser, dass es sich auszahlt, die

Bedürfnisse und Bitten anderer zu ignorieren. Also müssen Sie eingreifen. Aber mit Aktion, nicht mit einer Gardinenpredigt!

Stellen Sie sicher, dass Sie die Aufmerksamkeit Ihres Kindes wirklich haben, wenn Sie es um etwas bitten. Stellen Sie Augenkontakt her. Bitten Sie es dann maximal zwei Mal, etwas zu tun oder zu unterlassen – in kurzen, klaren Sätzen. Erfolgt das nicht, ziehen Sie eine spürbare Konsequenz, zum Beispiel, ihn aus der Situation zu entfernen, die er bockig nicht verlassen will. Überlegen Sie sich vorher die nächste Eskalationsstufe: Was passiert, wenn Ihr Kind wieder zurückläuft? Sollte es das versuchen, machen Sie eine klare Ansage, zum Beispiel muss es eine Weile (Kurzzeitwecker!) auf dem Flur sitzen und darf nicht mitspielen. Reicht das auch nicht, folgt die nächste Konsequenz: »Timon! Komm zu mir oder wir fahren nach Hause. Sofort.« Ziehen Sie die Drohung dann auch durch.

Homöopathie
NATRIUM MURIATICUM

Bachblüten
VINE – nicht immer den eigenen Willen durchsetzen
WATER VIOLET – Interesse an anderen wecken
CLEMATIS – stärkerer Bezug zur Realität
WALNUT – Neues wagen, Veränderungen auch positiv bewerten

Vitamin P wie Prävention

Grenzen spüren lassen. Viele stumme Druckser haben Eltern, die besonders nett oder überbeschützend sind. Sie haben für jedes Fehlverhalten des Kindes eine Erklärung (meist ist jemand anderes als das Kind schuld), sie beugen sich sehr oft den Wünschen ihres Kindes, versuchen, die Welt möglichst passend für ihr Kind zu gestalten. Das Kind kann einfach nur stumm aussitzen – irgendwann wird sich jeder Konflikt auflösen, weil die Eltern dafür sorgen, dass ihr Spross seinen Willen bekommt. Die anderen, laut trotzenden und heulenden, Kinder sind ganz schnell »schuld« an einer verfahrenen Situation mit einem Druckser. Der hat ja »nichts« gemacht. Diese Kinder machen immer »nichts« – und um sie herum liegen alle Nerven blank.

Die meisten Druckser-Kinder sind aber nicht glücklich mit dieser Situation. Entweder sie müssen immer ihren Willen bekommen, weil sie es gewöhnt sind – und die Welt bricht zusammen, wenn auch ewig langes stummes Aussitzen nichts bringt. Oder sie benutzen das stumme Torpedieren zum Grenztest – und stellen immer wieder fest, dass sie bei ihren Eltern, bei anderen Kindern am längeren Hebel sitzen. Das ist für Kinder unter fünf beängstigend! Sie brauchen Orientierung, sie brauchen Sicherheit, sie müssen sich fallenlassen können und die Gewissheit haben, »trotz allem« geliebt zu werden.

ALARM! TROTZ-SITUATION IN SICHT

Noch führen wilde Szenen mit Ihrem Kind Sie in den Grenzbereich Ihrer Kräfte. Aber alles wird gut: In diesem Kapitel finden Sie Soforthilfen, wie Sie typischen Themen und Situationen begegnen, die in der Trotzphase von zwei bis fünf Jahren immer wieder auftauchen. Manche der Trotz-Momente sind vermeidbar, bei anderen gibt es Tricks, wie Sie die akute Stress-Situation möglichst schnell hinter sich lassen. Denn dann können Sie wieder Energie für Ihr Kind finden.

Tricks am Morgen verkürzen die Sorgen

Jeden Morgen das Gleiche: Das Waschen und Anziehen wird zu einem Machtkampf zwischen Ihnen und Ihrem Kind. Und es ist kein fairer Kampf, denn die Erwachsenen sind oft noch müde und die Kinder schon in vollem Saft – oder umgekehrt. Als Erwachsener ist man auch schon zwei Stunden weiter: Man plant den Tag, registriert, was alles heute zu tun ist und möchte möglichst schnell anfangen. Berufstätige müssen zudem zu einem bestimmten Zeitpunkt aus dem Haus.

Mama oder Papa drängeln also, springen ins Kinderzimmer, helfen, springen wieder raus. Das Kind lebt in einer anderen Realität. Ihm ist schnell bewusst, dass mit dem Anziehen der gemütliche Teil des Tages vorbei ist. Also ist »Angezogen-Sein« kein erstrebenswerter Zustand. Es gibt andere, viel verlockendere Dinge ... Vielleicht noch ein wenig spielen? Kinder leben fast ausschließlich im Hier und Jetzt. Sie haben Bedürfnisse, die sofort erfüllt werden müssen. Ein Kind hat noch kein Zeitgefühl, kennt die Bedeutung von »später«, »gleich« oder »sofort« nicht. Mit ein paar Tricks klappt es morgens trotzdem ohne Terror:

- Wacht das Kind auf, braucht es eine Struktur, an der es sich entlangbewegen kann. Ein immer gleicher Ablauf hilft dem Kind zu lernen, was es als Nächstes zu tun hat.
- Planen Sie das Anziehen als feste Zeiteinheit in Ihren Morgen ein. Das Kind darf nicht nebenher abgehandelt werden: Es braucht Ihre volle Aufmerksamkeit, auch noch mit vier und fünf Jahren. Sie müssen nicht mehr »bedienen«, aber Sie sollten trotzdem präsent sein. Dann kann man aus dem Anziehen einen schö-

nen Moment machen, einen Moment der Intimität zwischen Eltern und Kind. Und es geht schneller.

- Suchen Sie am Abend vorher die Kleidung zusammen aus. Das hilft besonders gut bei »Das ziehe ich nicht an«-Kindern und Trödlern (siehe »Ich trage nur noch kurze Hosen!«, Seite 65). Zusammen mit Ihrem Kind können Sie die Kleidung so zurechtlegen, wie es zum Alter passt. Zum Beispiel alle Anziehsachen in Form eines Menschen auf den Boden legen, damit jüngere Kinder (von zwei bis vier Jahren) eine sichtbare Reihenfolge haben. Und immer von innen nach außen, also zuoberst liegt die Unterhose, das Unterhemd etc. bis zur Hose oder zum Kleid zuunterst.

- Die Trödler profitieren am meisten von einer Struktur. Diese Kinder lassen sich gerne ablenken und verstehen die morgendliche Hektik der Erwachsenen nicht. Hier müssen klare Abläufe installiert werden! Eine möglichst reizarme Umgebung hilft dem Kind zusätzlich, sich auf das Wichtige zu konzentrieren (siehe Abendrituale, Seite 79, Aufräumen, Seite 85). Trödlern ab vier Jahren kann aber auch der Kurzzeitwecker wirklich helfen (siehe Kurzzeitwecker, Seite 18).

- Machen Sie sich das Leben leichter und integrieren Sie umkämpfte Aktionen in einen festen Ablauf. Kinder gewöhnen sich innerhalb von Tagen an rituelle, immer gleiche Abläufe. Um den anfänglichen Widerstand zu überwinden, kann man das Ritual mit etwas Besonderem

Körpergeheimnisse

Das gemeinsame Anziehen ist auch eine Chance zur Inspektion des Kindes: Wird es etwas moppelig oder ist es zu dünn? Fällt Ihnen eine Fußfehlstellung auf, hat es vielleicht blaue Flecken? Denn Ihr Kind erzählt Ihnen nicht immer, wo der »Schuh« drückt (im wörtlichen oder übertragenen Sinne). Das geschieht nicht aus Berechnung, sondern Kinder vergessen schnell, was sie nicht akut berührt. **Durch genaues Hinsehen können Sie manches »Geheimnis« lüften.** Die Druckstelle am Fuß verrät, dass die Schuhe zu klein geworden sind. Blaue Flecken können Geschichten von Abenteuern, aber auch von Niederlagen erzählen …

aufpeppen, ob das nun eine coolere Zahnbürste mit Saugnapf ist, Glitzerzahncreme, eine selbst verschönerte Sanduhr …

»Ich kann das noch nicht!« Dieser Ausruf ist eine Forderung nach Aufmerksamkeit. Lassen Sie es nicht zu, dass Ihr Kind Sie ewig als Butler benutzt und unselbstständig bleibt. Verlangen Sie von Ihrem Kind täglich mehr Selbstständigkeit, ohne dass ihm dabei Aufmerksamkeit verloren geht!

Machen Sie einen Wettbewerb daraus, wenn Ihr Kind auf so etwas anspringt: »Ob du es wohl schaffst, alles anzuhaben, bevor der Wecker klingelt?« oder »Ob du es wohl schaffst, vor mir angezogen zu sein? Ich lege meine Sachen hierhin, da sind deine. Auf die Plätze, fertig, los!«

Denken Sie sich Rituale aus, die das Kind für Selbstständigkeit und Schnelligkeit belohnen: »Heute hast du dich so schnell angezogen, da können wir noch an der Baustelle / Pferdeweide vorbeigehen und ein bisschen zugucken.«

Vielleicht verlangen Sie auch zu früh zu viel? Genießen Sie die gemeinsame Zeit beim Anziehen, solange es geht, und machen Sie keinen Machtkampf daraus, dass das Kind ohne Sie im Raum klarkommt. Vom vollkommen abhängigen Baby wird es ganz schnell zu einem Kind, das bald sogar anfängt, sich zu schämen, wenn man es nackt sieht. Stück für Stück wird der enge Kontakt zwischen Eltern und Kind weniger und deswegen hilft es, das gemeinsame Anziehen nicht als Belastung, sondern als Möglichkeit für eine schöne zweisame Zeit zu sehen.

Ich trage nur noch kurze Hosen!

Die Kleiderwahl eignet sich gut als Machtspiel. Bei kleinen Mädchen geht es gerne um das »Wie« (es muss das hellblaugetupfte T-Shirt sein), bei den Jungen eher um das »Was« (es soll partout die kurze Hose sein, auch wenn's draußen nur zehn Grad hat).

Hier sollte der gesunde Menschenverstand die Grenzen setzen. Es gibt Kleidung, die muss sein, zum Beispiel Jacken im Win-

ter, feste Schuhe bei Regen, etc. Alles andere ist Verhandlungssache. Hier gilt wieder: Was wollen Sie, was will das Kind, und wo ist der Kompromiss?

Sie könnten sich beispielsweise wünschen, dass Ihr Kind sich für den Kindergarten »adrett« anzieht – was das bedeutet, definieren natürlich Sie. Das Machtspiel ist damit vorprogrammiert. Stattdessen ist es besser, Minimalvoraussetzungen festzulegen, der die Kleidung entsprechen soll. So sollte sie adäquat zum Wetter sein. Darum mit dem Kind zu kämpfen hat einen Sinn und lässt sich viel besser begründen. Welches Muster, Material oder welche Form sie hat, sollte das Kind entscheiden dürfen. Natürlich werden Sie nicht alles gut finden, mit dem Ihr Kind herumlaufen will. Aber es wird sich seiner Selbst nur durch Ausprobieren bewusst. Es wird merken, wie andere Menschen auf sein Aussehen reagieren und sich daran reiben. Sie können dem Kind Ihre Meinung sagen, aber Sie sollten nur im Ausnahmefall ein Verbot aussprechen. Ein gesundes Selbstwertgefühl kann man niemandem durch Kontrolle ermöglichen.

Anstrengende Vorlieben

Besondere »Marotten« wie »Das zieh ich nicht an« oder »Ich will nur noch rosa Kleider tragen« können unterschiedliche Ursachen haben:

Der Herr / die Herrin der Marken … Ein Grund für den morgendlichen Tanz kann Markenbewusstsein sein. Kinder, besonders Mädchen, stehen heute früh unter

Druck: Schon im Kindergarten wird man nach der Kleidung beurteilt. Entscheiden Sie sich rechtzeitig, wie Sie zu Markenklamotten und Abzeichen wie »Hello Kitty« stehen und wie Sie sich verhalten werden, wenn der Druck losgeht. Häufig beginnen die Erwachsenen damit allerdings noch vor den Kindern – und verkraften es nicht gut, wenn das Kind dann ab drei oder vier Jahren versucht, die Herrschaft über die Kleiderwahl an sich zu reißen.

Es kann auch sein, dass die Kleidung nicht dem Körpergefühl des Kindes entspricht: Sie ist (tatsächlich oder gefühlt) zu eng oder zu weit, zu kratzig oder zu hart. Es bereitet dem Kind körperliches Unbehagen, das es lautstark kundtut. Anziehen wird zu einer Machtprobe, bei der beide Seiten nur verlieren können.

Lösungen:

• Beziehen Sie das Kind ab vier Jahren in den Kleiderkauf mit ein. Es nutzt nichts, tolle (teure) Teile zu kaufen, die das Kind dann nicht anzieht. Das gibt nur ungute Gefühle auf beiden Seiten.
• Verhandeln Sie! Manche Kleidungsstücke wollen die Erwachsenen aus bestimmten Gründen an ihrem Kind sehen. Bei fünf Grad zieht man nun mal etwas anderes an als vier Wochen vorher an einem warmen Herbsttag. Klären Sie das am Abend vorher in einer entspannten Atmosphäre mit dem Kind. Und verhandeln Sie: »Wenn du dieses Kleid unbedingt anziehen willst, dann aber nur mit dieser Hose oder Strumpfhose drunter.«

Denn ein Kind ab drei Jahren kann Kompromisse schließen!
• »Das ist ein ganz besonderer Tag.« Manchmal kann es wichtig sein, was man trägt (Hochzeiten, Feste, etc.). Auch Dreijährige können schon lernen, dass Mama und Papa jetzt »anders« aussehen – mit der passenden Erklärung findet das Kind es wichtig, selbst auch »schick« auszusehen. Zieht das nicht, stellen Sie eine Belohnung in Aussicht, wenn das Kind zum besonderen Anlass ein feines Outfit »erträgt«.

»Ich *muss* aber gar nicht!« – Toiletten-Training in der Praxis

Das Toiletten-Training ist bei vielen Eltern ein wunder Punkt. Wir machen uns verrückt, weil es »jetzt endlich klappen« soll – wobei »jetzt« manchmal ein willkürlich gewählter Zeitpunkt ist und manchmal ein »Muss«, da das Kindergartenpersonal es so will.

Wer aber eigentlich »wollen« muss, ist das Kind. Wenn es dann geklappt hat, berichten viele Eltern, dass letztlich das Kind die Entscheidung getroffen hat, egal, was man getan oder nicht getan hat.

Sauberkeitstraining (was für ein furchtbares Wort) klappt übrigens bei Jungen häufig erst später als bei Mädchen. Warum das so ist, weiß noch niemand.

Der Kampf ums Loslassen

Toiletten-Training ist also zunächst kein Machtkampf zwischen Eltern und Kind, denn das Kind ringt hier nicht um egoistische Ziele, sondern um Loslassen – und darum, die Signale seines Körpers überhaupt wahrzunehmen und richtig zu deuten.

Es will uns nicht ärgern, in dem es einhält und dann nach 5 Minuten Autofahrt »muss«. Jedes Kind hat seine eigene Zeit, die vergehen muss, bis es loslassen kann. Und seine eigenen Rahmenbedingungen, unter denen ein Loslassen möglich ist. Wir haben Kinder kennengelernt, die nur können, wenn ein Elternteil dabei ist – bis ins späte Schulalter. Oder bei denen immer die Badezimmertür offen sein muss und ein Elternteil in Gesprächsnähe – beim munteren Plaudern konnte sich das Kind genug entspannen.

I've got rhythm

Gucken Sie bei über Vierjährigen mal, ob ein fester Rhythmus beim Trinken – im Gegensatz zum andauernden Freistil-Trinken – mit anschließendem Klogang weniger »Pipi-Unfälle« mit sich bringt. Manche Kinder gewöhnen sich an das »Ritual« und benutzen dann kampflos die Toilette, weil sie an diese Zeiten gewöhnt sind. Bei kleinen Jungen kann man auch mal sportlichen Ehrgeiz als Motivation einsetzen und sie im Stehen pieseln lassen – Ziel sind mehrere »Honey Loops« oder ähnliche Cerealien in der Kloschüssel, die versenkt werden sollen …

Kurzzeitwecker

Man weiß, das Kind sollte mal müssen, aber es will nicht. Um nicht lange zu diskutieren, stellt man den Kurzzeitwecker und probiert, ob es jetzt geht. Ohne Timer spukt dem Erwachsenen immer wieder das drohende Malheur im Hinterkopf herum aus Angst, den richtigen Zeitpunkt zu verpassen. Weiß man aber: »In 10 Minuten klingelt es, dann probieren wir es noch einmal«, kann man diese Sorge abschalten.

Signal? Was für ein Signal?

Ein Mechanismus, den man bedenken muss, ist die andere Körperlichkeit von Kindern. Sie sind noch sehr einseitig in ihrer Aufmerksamkeit.

Sind sie zum Beispiel ganz ins Spiel vertieft, also in einer Welt, die sich in ihrem Kopf abspielt, so können sie oft die Signale ihres Körpers nicht hören. Reißt man die Kinder dann aus dem Spiel und sofort in die nächste Aktivität, dann kann man nicht erwarten, dass es nahtlos funktioniert. Planen Sie Pufferzeiten ein. Wenn Sie um 15 Uhr losgehen wollen, fangen Sie um 14.45 Uhr an, sich fertig zu machen. Ein guter Trick ist, zu früh fertig zu werden und »warten« zu müssen. In den drei Minuten, die man rumsteht, spürt das Kind vielleicht, dass es besser noch einmal auf die Toilette geht. Wenn nicht, auch gut. Machen Sie den Klogang vor dem Verlassen des Hauses zum Ritual, aber aus dem »Pipi-Machen« keinen Zwang – in jedem Rückbildungskurs wird heute gelehrt, dass man nicht mit Gewalt die Blase entleeren soll. Entweder es kommt etwas »freiwillig« oder eben nicht.

Klar, irgendwann pressiert's dann. Na und? Seien Sie kreativ. Der (umgedrehte) Styropor-Kindersitz ist Urin-resistent, und wir waren auch schon im Kino mit Mamas Schal als Rock, weil die Hose nass war. Geht alles.

Ist Ihr Kind vielleicht ein Protest-Piesler? Für dieses Machtspiel finden Sie auf www.land-der-abenteuer.de / protest-pieseln Tipps von uns.

Ständige Unterbrechungen – jetzt rede ich

Sie wollen mit einer anderen Mutter oder dem Kinderarzt etwas besprechen – und schon nach zwei Minuten werden Sie ganz konfus, weil Ihr Kind andauernd dazwischenquakt, Sie am Ärmel zupft, weint, sich hinwirft ... Kein Wunder: Das Besprochene erscheint dem Kind langweilig und die Eltern suchen sich mit scheinbar untrüglichem Instinkt Momente zum Reden aus, in denen das Kind keine Lust hat: zwischen Tür und Angel, wo es nichts zu sehen und zu tun gibt. Auf dem Heimweg, wenn das Kind müde ist. Nach der Untersuchung, wenn das Kind nur noch raus will aus der Praxis. Und immer wieder diese kreuzlangweiligen Gespräche mit Papa, die schier

endlos dauern. Denn ein Kind hat noch kein Zeitgefühl! Es lebt im Hier und Jetzt, daher gibt es nur »jetzt« oder »in unerträglicher Ferne«. Kinder können sich Gedanken nicht aufbewahren, um sie zu einem anderen, besseren Zeitpunkt zu sagen. Die Folge: Das Kind möchte etwas. Es ruft: »Mama Mama Mama Mama« so lange, bis Mama entnervt aufgibt und das Kind anfährt: »Siehst du nicht, das ich mit jemand anderem spreche? Was willst du denn?« Das Kind lernt: Wenn ich nur lange genug nerve, bekomme ich Aufmerksamkeit.

Das hilft:

- Konsequenz für alle Beteiligten! Sie kündigen an: »Ich muss etwas mit Ines besprechen. Das dauert fünf Minuten.« Sie stellen den Kurzzeitwecker (unterwegs zum Beispiel auf dem Handy). Ihr Kind kann sehen, wie lange die »Tortur« ohne Mamas Aufmerksamkeit noch dauern wird. Halten Sie sich an die Zeitvorgabe! Und bestrafen Sie das Kind für die gewährte Redezeit nicht, indem Sie sich den nächsten Gesprächspartner suchen ...
- Reden Sie Ihr Kind nicht an die Wand. Ihr Mann und Sie haben viel zu besprechen und es nervt, dass ein Dreikäsehoch jetzt zum zwanzigsten Mal denselben Witz erzählen will. Aber jeder kriegt die gleiche Redezeit. Zollen Sie den Respekt, den Sie erwarten.
- Zwingen Sie Ihr Kind nicht, still an Ihrer Seite zu stehen, während Sie reden. Gibt es einen Spielplatz in der Nähe, wo Sie quatschen und Ihr Kind toben kann?

Dauerquatscher trifft Laberbacke

Nicht nur kommunikativ begabte Menschen haben Kinder, die viel reden. Ab ca. dreieinhalb (eher bei Mädchen) und vier Jahren werden die meisten Kinder zu Dauerquatschern. Selbst Mamas, die eine hohe Sprechfrequenz haben, kriegen dann die Krise. Und wehe, Mamas Aufmerksamkeit schweift ab! Dann erzittern die Wände – und Sie dachten, die Trotzphase wäre so langsam vorbei!

Die **Labertaschen-Zeit ist ein Meilenstein** im Leben Ihres Kindes. Denn durch das Gebrabbel perfektioniert das Kind sein Ausdrucksvermögen, seine Grammatik, übt, Phrasen korrekt einzusetzen – deshalb klingen einige Kinder auch über Nacht plötzlich wie alte Opas und Omas.

Ein paar Tipps:

Verlängern Sie das Abendritual, damit Ihr Kind sicher weiß, dass es spätestens am Abend über alles sprechen kann, was es am Tag erlebt hat.

Bauen Sie aus dem gleichen Grund eine **ruhige halbe oder ganze Stunde** nach dem Abholen aus dem Kindergarten ein. Denken Sie dabei daran, dass Jungs besser während gleichförmiger Bewegung oder einfacher motorischer Betätigung reden können – zum Beispiel schaukeln, Roller fahren …

Wenn Sie sicher sind, dass Ihr Kind genügend Möglichkeiten hat, mit Ihnen dann über seine Gedanken zu sprechen, wenn es Bedarf hat, können Sie ihm zu den anderen Zeiten auch mal signalisieren: »**Jetzt bin ich dran** und bringe diesen Satz zu Ende«. Ganz wichtig ist auch, ihm klarzumachen »Ich muss gerade XX machen. Dabei kann ich nicht so gut zuhören. Wenn ich fertig bin, kannst du es mir erzählen und ich höre dir zu.« Benutzen Sie einen Kurzzeitwecker, damit die Zeit überschaubar wird. Das Abwarten mit einem Kind zu trainieren ist immens wichtig, auch als Vorbereitung auf die Schule! Erwarten Sie erste Erfolge aber nicht vor dem 5. oder 6. Lebensjahr.

Üben Sie sich im guten Zuhören! Fast alle halten sich für gute Zuhörer, aber wenn uns Wissenschaftler auf den Mund schauen, finden sie regelmäßig heraus, dass das Wunschdenken ist. Nehmen Sie sich zurück, lassen Sie Ihr Kind reden und auch bei Problemen als erstes eigene Lösungsvorschläge machen.

Wenn Ihr Kind so viel quatscht, dass es auch Kindergärtnerinnen nervt, die an die Labertaschen-Phase gewöhnt sind, sollten Sie prüfen, ob Sie Ihr Kind durch **Sport, Spielangebote, motorisch Herausforderndes** aus dem Kopf mehr in seinen Körper locken können oder durch künstlerische Ausdrucksweisen wie Malen oder Theaterspielen.

Freuen Sie sich, dass Ihr Kind Sie noch an jedem Gedanken teilhaben lässt, der ihm durch den Kopf saust. Das hilft Ihnen ungemein, jetzt eine solide Verbindung zu ihm aufzubauen und immer wieder zu »aktualisieren«.

Möchte es schon mal vom Tisch aufstehen und etwas spielen oder Musik hören, während Sie mit Ihrem Partner sprechen? Beim Arzt kann es kurz erneut im Wartezimmer spielen, bis Sie fertig sind.

- Schenken Sie Ihrem Kind Aufmerksamkeit – und nicht immer nur dann, wenn es sich danebenbenimmt oder Sie unterbricht. Ersetzen Sie negative Aufmerksamkeit (»Lass das!«, »Lass mich endlich ausreden!«) durch positive: Sie haben Ihren Satz beendet? Dann wenden Sie sich Ihrem Kind zu. Lächeln Sie es an oder fragen Sie, ob es auch etwas erzählen möchte. Hören Sie gut zu und gehen Sie auf das ein, was Ihnen jetzt als hochwichtiges Erlebnis geschildert wird.
- Für Notfälle sollten Sie ein Codewort ausmachen. In der Phase des Trockenwerdens etwa sollte man den Ausruf »Mama, Pipi!« nicht ignorieren …

Bei älteren Kindern kann man übrigens einen »Aha-Effekt« erzielen, wenn man den Spieß mal umdreht. Wenn die Kinder also schön ins Spiel vertieft sind, mal »Kind Kind Kind« rufen oder etwas Unnötiges fordern (»Trink mal was«, »Zieh die Hose hoch«) und dann das genervte Kind aufklären, dass man mal kurz die Rollen getauscht hat. Das geht aber frühestens ab knapp vier Jahren. Vorher können Kinder so etwas nicht einordnen und es verunsichert sie. (Das gilt übrigens auch für verzweifelte Mama-Sprüche wie »Ich hau heute mal zurück«, »Ich ziehe dich auch mal an den Haaren«, etc.)

Häufig ist es Eltern übrigens gar nicht bewusst, wie oft sie ihrerseits ihr Kind bei seiner »Arbeit«, dem Spielen, unterbrechen – mit total unsinnigen und unwichtigen Aufforderungen. Vermutlich weil das Elternhirn gerade Leerlauf hat. So wie es Sie nervt, andauernd »Mama Mama Mama!« zu hören und Aufmerksamkeit zu geben, so nervig ist es für Ihr Kind, wenn Sie es beim Spielen stören.

Wer kauft hier was ein?!

Waffeln und Heftchen landen wie von unsichtbarer Hand im Einkaufswagen, Ihnen werden große Szenen mit Toben und Herumrollen vor dem Süßigkeitenregal geboten … Shoppen Sie noch oder fühlen Sie sich schon wie ein Löwendompteur?

Ihr Kind

- macht, was es kennt. Stellen Sie ganz früh gültige Regeln fürs Einkaufen auf! Was bei der Zweijährigen noch süß ist, wird Ihnen bei der Fünfjährigen den letzten Nerv rauben.
- ist nur Ihr Spiegelbild. Wie oft kaufen Sie spontan etwas, das nicht auf dem Zettel steht? Wie viele Süßigkeiten, Eis, Zeitschriften packen Sie in den Wagen?
- möchte etwas Eigenes beitragen. Loben Sie gute Ideen und Selbstständigkeit. Kritteln Sie nicht an Details herum (»Das ist aber nicht die Marke, die wir sonst kaufen.«). Und seien Sie geduldig: Ihr Kind hat daran gedacht, dass Küchen-

krepp fehlt? Dann darf es die Rollen auch stolz wie Oskar im eigenen Wagen herumkutschieren, auch wenn sie zwanzigmal herausfallen.

- möchte mitbestimmen. Fragen Sie Ihr Kind, was es gern kochen möchte. Stellen Sie vorher Regeln auf, die zu Ihrer Familie passen, zum Beispiel kein Fertiggericht, nichts Süßes … Nehmen Sie sich die Zeit, das Gericht tatsächlich mit dem Kind zusammen zu kochen. Man kann eine Sammlung an akzeptablen Gerichten erstellen und daraus gemeinsam etwas für die Woche aussuchen (siehe »Speiseplan nach Maß«, Seite 76).
- spielt in der späten Trotzphase gerne Machtspielchen. Alle Tipps und Tricks zum Thema »Machtkämpfe« gelten auch beim Einkaufen.
- flippt aus bei großer Langeweile. Spielen Sie altersgerechte Spielchen (siehe unten). Belohnen Sie Geduld.

Lassen Sie die Fantasie spielen, was »altersgerechte Spiele« sein können. Sie werden sehen: Ihr eigener Spaß beim Einkaufen steigt erheblich.

Ein paar Ideen: Grimassen schneiden, »Kommt eine Maus die Treppe rauf …«, wildes Formel-1-Rennen um die Auslagen, »Ich sehe was, was du nicht siehst« mit einem kleinen Kind im Einkaufswagen. Ältere Kinder können schon aktiv beim Einkauf helfen, mit Mini-Wagen und einem (kurzen!) gemalten Einkaufszettel oder indem sie auf Kurz-Missionen geschickt werden. Sie können auch Teams bilden und um die

Jetzt benimm dich endlich!

Warum sieht man gerade beim Einkaufen, gern auch unter den Augen der strengen Schwiegermutter, so viele Trotzszenen? **Je angespannter Sie sind, umso mehr funken die sensiblen Antennen Ihres Kindes »Alarm«.** Das Fatale ist, dass wir gerade da besonders empfindlich und hektisch werden, wo wir selber uns unsicher fühlen. Da Ihr Kind das spürt, aber nicht weiß, wie es Ihnen helfen kann, zeigt es verschiedenste Verhaltensweisen, die Ihnen vermutlich alle nicht gut gefallen. Manche Kinder klammern so sehr, dass Sie sich keinen Schritt bewegen können. Andere bocken und trotzen lautstark, sodass es Ihnen megapeinlich ist und Ihre ganze Aufmerksamkeit fordert. Das Kind spiegelt Ihre Unsicherheit, haut in der Trotzphase erst mal recht in diese Kerbe – und kriegt dann einen ab (ob verbal oder als Klaps), weil Sie in der Situation überreagieren vor lauter Peinlichkeit.

Lesen Sie unter »Das tut man nicht« (Seite 137) nach. Und versuchen Sie, sich trotz Trotzszenen zu entspannen, damit Ihr Spiegelbild auf zwei Beinen es ebenfalls tut.

Wette einkaufen. Dafür hat sich bewährt, wenn alle zusammen zu Hause die Team-Einkaufszettel zusammenstellen, sodass jeder weiß, was zu kaufen ist und die Lebensmittel-Gruppen ziemlich fair verteilt sind. Ein Team hat als Zeitfresser die Käsetheke, das andere die Fleischtheke, beide müssen sich durch die Gemüseabteilung arbeiten, etc. (Funktioniert übrigens auch im Drogeriemarkt.)

Aber mein Kind will immer etwas!

Jedes Mal das gleiche Spiel von zuckersüßer Kinderbitte (»Oh, Papa, diese Zeitschrift finde ich soooo schön!«), über Forderung (»Die wiiiiiiiill ich aber!«) bis zu Toben und Heulen. Man kriegt schon Schweißausbrüche, wenn Zeitschriften- oder Süßigkeitenregale in Sichtweite kommen. Man könnte sich denken: »Ja, was soll's, kauf ich halt was Kleines und es ist Ruhe.« Kurzfristig vielleicht. Aber langfristig haben Sie als Elternteil die Nase voll von dem Terror und dem nutzlosen Krempel, der nur im Mülleimer (oder im Bauch) verschwindet. Sie nehmen sich vor, nichts mehr zu kaufen – und der Tobsuchtsanfall ist schlimmer denn je. Ihre Argumente sind dem Kind herzlich egal: Geldverschwendung? Geh doch neues Geld im Automaten holen! Damit spielst du morgen schon nicht mehr? Nein, damit spiele ich auf jeden Fall! Süßigkeiten sind schlecht für die Zähne? Aber ich habe doch immer etwas bekommen! Wenn's Ihrem Kind reicht, heult es los: »Wofür werde ich hier gerade bestraft?!« Schuldgefühle kommen bei Ihnen auf, die sich in Wut verwandeln, weil das Kind seinem Frust lautstark vor Publikum Luft macht.

Spulen wir mal zurück zu dem Punkt, wo wir beschließen, ab jetzt nicht immer etwas zu kaufen. Das ist eine Haltung (keine Laune), und Sie haben dafür gute Gründe. Besprechen Sie das mit Ihrem Kind. Und zwar vor dem Einkaufen. Erläutern Sie Ihre echten Gründe. Geben Sie dem Kind nicht das Gefühl, es würde für etwas bestraft. Vereinbaren Sie zum Beispiel, dass jeder Einkauf, bei dem nichts »Kleines« gekauft wird, einen Bonuspunkt gibt, und bei zehn Punkten darf es sich etwas von »XX« aussuchen. (Machen Sie es konkret.) Wenn Sie eine für beide Seiten akzeptable Lösung gefunden haben, können Sie stolz auf sich sein! Machen Sie sich das Positive an dieser Lösung ganz klar, damit stärken Sie Ihre Haltung. Denn spätestens beim nächsten Einkauf wird das Kind die Abmachungen über Bord werfen wollen und wieder den schnellen Lustkauf dem abstrakten Ziel vorziehen. Dann müssen Sie sicher und konsequent auftreten, nicht streng und ungeduldig. Aber Sie haben das alles ja zusammen durchgespielt, der Vertrag ist von beiden Seiten abgesegnet! Das Kind muss sich nicht Ihren Launen beugen, sondern es hat diese Lösung ja selbst mit erarbeitet! Zumindest sollte es dieses Gefühl haben.

Große Augen, kleiner Magen – Krisengebiet Essen

Es gibt kaum so viele Möglichkeiten sich zu streiten wie beim Essen. Man schaut sich an – und hat vielleicht schon direkt etwas auszusetzen: »Hast du die Hände gewaschen?«, »Sei nicht so hibbelig!«, »Halt das

Besteck richtig!« ... Ein echtes Minenfeld. Dabei soll die gemeinsame Mahlzeit doch bindungsfördernd sein und uns allen gut- tun, körperlich wie auch geistig. Wie kann uns das mit einem (Klein-)Kind gelingen?

Zunächst einmal müssen wir uns bewusst werden, dass wir oft eine verkrampfte Ein- stellung zum Essen haben. Wir haben heute den Luxus, dass wir im Supermarkt eine fast unbegrenzte Auswahl an Essen finden. Viele haben verlernt, auf ihren Körper zu hören und wissen nicht mehr, was sie brauchen und wie viel davon. Nun haben sie ein Kind, für das sie verantwortlich sind, und wollen es besser machen. Folglich kaufen sie nur noch bestimmte Lebensmit- tel, geben sich sehr viel Mühe bei der Zu- bereitung und dann will das Kind einfach nicht essen?! Guter Grund, um wütend zu werden?!

Machen Sie das Essen wieder zu einem sinnlichen Gemeinschaftserlebnis und ent- spannen Sie sich.

TIPPS FÜR ZAPPELPHILIPPE ALLER ART finden Sie auf www.land-der-abenteuer.de/ zappelig-beim-essen. Denn es gibt Gründe, warum Jungs beim Essen gern herum- hibbeln und bei Ihrer Tochter mal die Müslischale tieffliegt ...

Große Augen, kleiner Magen

Sie können hundertmal sagen »Nimm dir nicht so viel! Nimm nur so viel, wie du Hun- ger hast!« – bei vielen Kindern ist am Ende des Mittag- oder Abendessens der Teller trotzdem mindestens halbvoll mit Essen. Verlangen Sie nicht, den Teller leer zu es- sen! Das macht jede Mahlzeit zum Kampf.

Geben Sie stattdessen konkrete Anwei- sungen, wie viel sich Ihr Kind von jeder Zu- tat nehmen darf. Es darf weniger nehmen, als Sie vorgeben, aber es darf nicht mehr nehmen. »Wenn Du das gegessen hast und noch Hunger hast, kannst du dir noch ein- mal nehmen.«

Seien Sie bei den Vorgaben nicht päpstli- cher als der Papst. Wenn Gemüseverächter zwei Esslöffel Gemüse auf den Teller pa- cken und auch aufessen, ist das schon toll.

Damit geht einher, das Kind an »noch einmal nachnehmen« zu gewöhnen.

Manche Kinder sind sehr misstrauisch, ob das klappt. Sie kennen es, dass andere Familienmitglieder schneller essen als sie, und sie schlimmstenfalls vor leeren Schüs- seln sitzen. »Glaubt« Ihr Kind Ihnen also nicht, dass es sich noch einmal nehmen kann, dann reservieren Sie ihm etwas von jeder Zutat.

Übrigens: Wer schon einmal alles Ge- sunde gegessen hat, der darf beim Nach- nehmen wählerisch sein – und wird so gleich noch einmal dafür belohnt, sich nicht bei der ersten Portion den Teller vollgeklatscht zu haben.

Mäkelig beim Essen

Ein Kind muss nicht alles essen (mögen), es hat genauso Vorlieben und Abneigungen wie wir Erwachsenen auch. Hier muss jede Mutter / jeder Vater die eigene Grenze festsetzen: Entscheiden Sie, wie weit Sie Ihrem Kind entgegenkommen bei den Gerichten – und wo Sie hart bleiben. Kein Kind verhungert vor vollen Tellern (mit gesundem Angebot)! Geben Sie dem Kind eine Auswahl, maximal zwei Optionen, und lassen Sie es entscheiden.

Wo hapert's denn genau beim Essen?

Sind es echte oder erlernte bzw. abgeguckte Abneigungen? Oder einseitige Vorlieben, nämlich immer nur für alles Junkfood, Süßigkeiten, leere Kohlehydrate? (Mehr Informationen und Tipps finden Sie auf www.land-der-abenteuer.de / zuckerzombies.)

Erlernte Abneigungen: Die Kumpels im Kindergarten (oft auch: Mama oder Papa) machen es vor. Man sieht es förmlich während des Essens in den Hirnen der Kinder arbeiten: »Aha, das kann man also auch nicht mögen. Und das. Und das.« Im Laufe der Zeit kommen so immer mehr scheinbare Abneigungen zusammen.

Die feste Regel ist bei uns, dass jeder alles probieren muss, das er noch nicht kennt. Mag er es nicht, muss er es nicht essen – aber es gibt auch keinen Ersatz.

Wenn Ihr Kind ein Gemüse probiert hat und es wirklich nicht mag, können Sie ihm beim nächsten Mal (!) etwas anderes zubereiten. Knackige Tiefkühlerbsen gehen bei den meisten Kindern zum Beispiel immer. Aber Gemüse wird nur durch Gemüse ersetzt! Nicht durch Obst (Fruchtzucker!) oder leere Beilagen wie Reis oder Nudeln! Fleisch wird nur durch Fleisch oder Fisch ersetzt und auch nicht durch Fischstäbchen (gegen die verliert nämlich jedes andere Angebot).

Bieten Sie Ihrem Kind Nahrungsmittel immer mal wieder in verschiedenen Zubereitungsformen an. Verabschieden Sie sich von dem Gedanken, dass Ihr Kind Ihre Essensvorlieben und Ihre Lieblings-Zubereitungsarten teilt. Vielleicht fährt es auf ganz andere Geschmacksnoten ab. Wenn sie nur zwischen gesunden Alternativen wählen können, sind viele Kinder ausgesprochene Rohköstler, und das erstreckt sich bis zu rohen Champignons und Sushi!

Der Kopf isst mit

Eine unserer (Nina) Green-Smoothie-Kreationen heißt »Shrek-Smoothie«, da er grünes Algenpulver enthält, das im Zusammenspiel mit Früchten die Farbe von … tja: Schlamm ergibt. Der Nachwuchs beschloss überglücklich (eingeflüstert von der Mutter): »Das sieht so eklig aus, das würde Shrek auch essen!«

Probieren Sie aus, ob Umdichtungen in Märchenessen oder der Ekelfaktor bei Ihrem Kind besser funktionieren. Welche Themenwelt steht gerade hoch im Kurs?

Sie verziehen Ihr Kind nicht damit, dass sie den Zugang zu Lebensmitteln spielerisch gestalten, sondern regen seine Fantasie an und geben dem Essen mehr Reiz. Sie

trinken ja vielleicht auch lieber »Prosecco« als »Perlwein«, hm?

Ampel-Essen

Allein schon der Name ist für Kinder verlockend. Über diesen spielerischen Zugang kann man sie dazu bringen, sich mit dem Essen zu beschäftigen. Schon beim Einkaufen kann Ihr Kind mit Ihnen zusammen die »Ampeln« für die Woche aussuchen. Wichtig: Die Ampel wird nur aus Gemüse gebaut, und das jeden Tag.

Das ist mir zu scharf

Manche Kinder lieben indische Currys oder ein gutes Chili. Andere sind eher Puristen und würden am liebsten Gemüse nur roh und »ohne alles« essen. Ganz viele Kinder beider Fraktionen hassen Kräuter am Essen wie die Pest.

Kämpfen Sie nicht um Saucen, Kräuter

Speiseplan nach Maß

Sie füllen einen Karteikasten mit Kärtchen, auf denen gesunde und Lieblings-Gerichte notiert sind und jede Woche stellen alle gemeinsam daraus einen Speiseplan zusammen. Jeder in der Familie hat ein Veto-Recht, kann also ein Gericht ablehnen. Das hat auch den Vorteil, dass man am Anfang der Woche zielgerichtet einkaufen kann und nicht jeden Tag von Neuem in den »Brennpunkt« Supermarkt gehen muss.

und Gewürze – Hauptsache, Ihr Kind isst Gemüse, Fleisch und Fisch in irgendeiner Form und sei es eben »pur«.

Wenn man die Schärfe weglässt, kann man sich übrigens gut an orientalischen Gerichten oder indischen Currys orientieren, um Kindern Fleisch-Gemüse-»Eintopf« schmackhaft zu machen. Die Kombi aus Gemüse-Obst-Fleisch mit einer sahnigen Kokosmilch-Sauce mundet nämlich vielen kleinen Schleckermäulern richtig gut.

Das Kind verweigert alles außer Pudding und Schokolade?

Erst mal: Das Kind wird nicht verhungern, wenn es mal seine Marotten auslebt. Aber prüfen Sie: Gibt es häufig Pudding und Schokolade? Gibt es sie vielleicht als Belohnung? Gut wäre es, so etwas dann gar nicht im Haus zu haben (»Oh, schau mal, das ist nicht im Kühlschrank. Was möchtest du stattdessen essen?«). Außerdem sollte man das Essverhalten des Kindes bei anderen Bezugspersonen unter die Lupe nehmen (Oma / Verwandte / Tagesmutter / Kindergarten / Schule). Unterschiedliche Grenzen spürt Ihr Kind. Es kann sein, dass es einfach weiß, bei wem es was essen muss. Dann liegt das Problem bei Ihnen und Sie sollten sich dem Machtkampf (denn nichts anderes ist es dann) stellen.

Auch hier kann Verhandlung hilfreich sein: Machen Sie einen Speiseplan, das Kind darf mitentscheiden. Dann wird es zwar auch mal Pudding geben, aber eben auch andere Dinge. Und was man mit entschieden hat, kann man schlechter kritisieren.

Schluss mit noch mehr Regeln!

Die Zahl der Essstörungen schon bei sehr jungen Kindern nimmt immer mehr zu. Nehmen Sie daher am besten eine entspannte Haltung zum Essen ein.

Schminken Sie sich ab, dass Ihr Kind immer einen gesunden Menüplan irgendeiner Art essen wird. Kinder im Alter bis zehn Jahren zu ernähren, ist, wie die Kochbuch-Autorin und Mutter von drei Kindern Sarah Fragoso sagt, wie wilde Äffchen füttern: Sie snacken hier, futtern eine Faustvoll dort, essen heute mit Leidenschaft dies und am nächsten Tag das. Auf den Tag gesehen kann dabei ein ziemliches Chaos rauskommen. Auf die Woche gesehen sind die Nahrungsmittel dann aber erstaunlich ausgewogen, sofern das Basisangebot bei Ihnen zu Hause einigermaßen gesund ist.

Sind wir bald da? Autofahren mit Kind

Ganze Bücher widmen sich dem Thema »Wie halte ich mein Kind auf Autofahrten bei Laune?«. Gerade bei den Zwei- bis Dreijährigen ist die Zahl der Spielchen, die man im Auto machen kann, allerdings arg begrenzt. Was helfen kann, um ein friedliches Kind statt einem Terrorbrocken auf dem Rücksitz zu haben:

- adäquater Autositz mit richtig eingestellter Nackenstütze. Stundenweise ein auf den Sitz angepasstes Auto-Tischchen, auf dem man basteln und spielen kann. Es sollte unbedingt für das Auto zugelassen sein, damit bei einem Unfall nichts passiert!
- altersgerechte Beschäftigung in einem »Utensilo« auf der Rückseite des Fahrer-/Beifahrersitzes. Zum Beispiel Mini-Stofftiere oder Püppchen für Rollenspiele, Malzubehör, das man aus Autositzen abwaschen kann, kleine Bilderbücher … Aber Achtung bei »Spuckern«: Die kriegen besser keine Bücher, eventuell auch keinen Malblock.
- »Rücksitzgefährten« zum gemeinsamen Blödsinn machen. Nehmen Sie andere Kinder mit auf Ausflüge, auch wenn's anstrengender wird. Ist das nicht möglich, müssen sich Papa oder Mama opfern – wer nicht fährt, geht zumindest stundenweise nach hinten.
- Zungenmaler-Lollis oder Olchi-Brocken und einen unzerbrechlichen Handspiegel
- Schlafzubehör: Schnuffeltuch, Nackenkissen, leichte Decke …
- Pausen machen! Lieber ein paar Kilometer weiter fahren, wenn es dort einen Spielplatz gibt. Gemeinsam mit dem Nachwuchs dorthin gehen und ihn richtig anstacheln. Gerade Jungen müssen sich ein paar Mal am Tag so richtig auspowern, ansonsten werden sie meckerig und schließlich unerträglich. Das Herumtoben wirkt auch für Sie besser als jeder Kaffee.
- Vom Ankommen träumen: sich gemeinsam überlegen, wo man eigentlich hinfährt, was dort wohl passiert … Das bringt das Kind auch auf den Stand der Dinge – oft wissen Kinder ja nur sehr abstrakt, wo es hingeht. »Nach Berlin«, damit kann ein Kind nichts anfangen, aber »dahin, wo dein Onkel wohnt, und da gibt es ein Restaurant, das ist ganz oben auf einem Turm und dreht sich …« und schon hat man eine Menge Gesprächsstoff, die Vorfreude steigt und es lässt sich gut ein wenig warten.

Mittagsschlaf – oder das gefürchtete Ausbleiben desselben

Der Mittagsschlaf ist eine beliebte Bühne für erste Machtspielchen mit zwei und drei Jahren (siehe ab Seite 14).

Wir haben einen Tagesplan, und das Kind soll bitte von dann bis dann schlafen, dann können wir dieses und jenes erledigen oder auch schlafen. Aber nein, es schläft heute mal nicht. Sofort rattert es im Elternhirn: »Aus Erfahrung weiß ich, dass, wenn es jetzt nicht schläft, ich den ganzen restlichen Tag ein quengeliges Kind ertragen muss und es irgendwann dann doch einschläft und dafür dann heute Abend nicht, wo wir doch schon geplant hatten, dass …«

Was will das Kind? Warum will es wach sein? Könnte es sein, dass wir selbst schuld sind, da wir die Umgebung des Kindes so an- und aufregend wie möglich gestalten? Weil wir so viele tolle Dinge mit dem Kind tun, dass es nichts davon verpassen will? Gepflegte Langeweile kann da ein Helferlein sein. Bespaßen Sie Ihr Kind nicht! »Du möchtest nicht schlafen? Ich spiele aber auch nicht mit dir! Ich liebe dich, aber ich bin nicht verfügbar«, sollte das Signal sein.

Bedenken Sie: Das Kind hält Schlafverweigerung nur ein paar Tage durch. Alles, was Sie in der Mittagsschlafzeit zu tun haben, sollte so lange warten können, oder Sie brauchen grundsätzlich Entlastung.

Falls Ihr Kind es doch länger als ein paar Tage ohne Schlaf aushält, dann ist es ein Zeichen dafür, dass die goldenen Zeiten des Mittagsschlafes vorbei sind.

So können Sie sich trotzdem eine Auszeit gönnen: Nehmen Sie den Kurzzeitwecker und vereinbaren Sie (kurze) Zeiträume, in denen Ihr Kind Sie nicht stören soll. Parken Sie bei Kleinkindern eine Isomatte oder Matratze im Kinderzimmer für Ihren Schlaf und stellen Sie dem Kind eine »ganz besondere« Kiste zusammen, mit der es nur während Ihres Nickerchens spielen darf. Es wird ein paar Mal versuchen, Sie zu »wecken« – aber ignorieren Sie alle Spielaufforderungen. Eine Mutter von drei Kindern (inzwischen Teenager) erzählte uns, dass das fast schon manische Etablieren einer »Mama-Auszeit« am frühen Nachmittag sich in späteren Jahren voll ausgezahlt hat. Denn bis zur Schulzeit hatten die Kinder die Auszeit verinnerlicht. So gab es sogar in den Schulferien wenigstens eine Stunde am Tag, wo sich Mama (in einem separaten Zimmer) ausruhen oder selbst denken hören konnte – bei drei Kindern ein Geschenk, das den Kindern eine wesentlich glücklichere und auch belastbarere Mutter für den Rest des Tages bescherte.

Zickenfreie Abendrituale

Neben den Mahlzeiten ist das Zubettbringen die beste Zeit, um die ungestörte Aufmerksamkeit der Eltern zu bekommen. Wer sie nicht bekommt, versucht sie sich zu holen (schon ab zwei Jahren). Wer sie bekommt, versucht, diese tolle Zeit zu verlängern … und zu verlängern …

Bei Kindern zwischen drei und fünf setzen zusätzlich noch andere Faktoren gleichzeitig ein, die das Ein- und Durchschlafen empfindlich stören können. Sie erreichen die »magische Phase«, in der die Fantasie so richtig auf Touren kommt. Und sie kommen in den Kindergarten, sodass sie tagsüber länger von den Eltern getrennt sind, das heißt, sie erleben ganz eigene Problem-Situationen, bei denen die Eltern nicht dabei sind. Sie hinterfragen ab vier, fünf Jahren mehr, es kann sich auch schon beim Kind ein Gedanken- und Sorgenkarussell im Kopf drehen, das das Einschlafen schwer macht. Es kommt vielleicht ein Geschwisterchen in die Familie – und unbewusst oder bewusst wird Ihr älteres Kind versuchen, das Zubettbringen auszudehnen, damit es Mama oder Papa endlich wieder ganz für sich hat.

Diese Faktoren haben nicht mehr viel mit Trotz zu tun, das Problem wird aber gerne unter »Der versucht nur, sich durchzusetzen« gepackt. Und tatsächlich: Wenn Sie auf Ihr Kind eingehen, ein immer komplizierteres und längeres Einschlafritual aufbauen, spielen Sie der Trotzphase in die Hände. Die Lösung muss sein: Nicht das Kind mäandert durch ein Abendritual, bei dem ihm jeden Abend etwas anderes einfällt und Sie immer genervter werden. Sondern *Sie* setzen ein neues Ritual fest. Etwas Effektives, zu Ihrem Kind Passendes, das sich in 30 Minuten anwenden lässt und das Sie jeden Abend mit Konsequenz durchziehen können. Das Ritual (Zeitpunkt, Inhalt) wird von Ihnen kommentarlos immer mal wieder dem Alter des Kindes angepasst, spätestens jedes halbe Jahr.

- Die Einschlafzeit von Alter, Aktivität und Aufstehzeit abhängig machen. Steht ein Kind um sechs Uhr auf, ist circa 19 Uhr okay. Soll das Kind erst später fit sein, kann es sein, dass auch für ein jüngeres Kind 19:30 / 20 Uhr in Ordnung ist. Rechnen Sie von der Einschlafzeit circa 45 bis 60 Minuten rückwärts (mehr, wenn das Abendessen dazugehört) für den Beginn des Abendrituals.
- Verwenden Sie den Timer (siehe Seite 18), um den Abschluss des Spiels und Beginn des Abendrituals für das Kind nicht so abrupt einzuläuten. »Noch 20 Minuten, dann essen wir zu Abend« zum Beispiel. Je jünger das Kind, desto kürzer kann die »Vorwarnzeit« sein. Bei Kindern ab vier sind 20 Minuten meist gut für den Ausklang der Spielzeit.

Machtspiel Eltern-Fernsehen

Kinder merken sofort, wenn Sie mit den Gedanken schon woanders sind oder nur widerwillig die Probleme des Stofftiers anhören, da Sie innerlich wütend sind, dass Sie wieder den Anfang Ihrer Lieblingsserie verpassen. Schaffen Sie sich einen Rekorder an (ob nun digital oder altmodisch), den Sie auf Autopilot bedienen können. Dass Sie Ihre Lieblingssendungen nicht verpassen wollen als kleines Mama- oder Papa-Highlight, ist völlig verständlich. Zu wissen, dass es aufgezeichnet wird (und sei es nur die Abendnachrichten, weil die für Sie der Inbegriff des kinderfreien »Erwachsenen-Abends« ist), nimmt einiges von dem Zeitdruck beim Kinder-ins-Bett-bringen raus. Aber das funktioniert nur, wenn das Programmieren des Rekorders im Nullkommanix erledigt ist, während Ihnen von links und rechts ein Kind ins Ohr spricht. Ist es zu umständlich, wird es nur ein weiterer Frustfaktor.

- Legen Sie einen Ablauf für das Abend-ritual fest, mit etwas Pufferzeit für Unvorhergesehenes. Alle Aktivitäten, die abends anstehen, sollten in der immer gleichen Reihenfolge vorgesehen sein: Kindergarten-Tasche packen, Zähneputzen, zur Toilette gehen, Kleidung für den nächsten Tag rauslegen, Zimmer (mit Unterstützung) freiräumen (siehe Seite 85), den Kuscheltieren Gute Nacht-sagen, etc.
- Das Vorlesen, Vorsingen, Gute-Nacht-Sa-gen sollte dort stattfinden, wo die Kinder auch schlafen. Und zwar immer. Egal, wie gemütlich es vielleicht im Wohnzimmer oder Eltern-Schlafzimmer zum Vorlesen ist. Ist ein Gitterbett das Problem, bauen Sie mit Ihrem Kind eine Kuschelecke ins Kinderzimmer.
- Probieren Sie verschiedene Abendessen-Zeiten aus. Viele Kinder schlafen nicht gut, wenn das Abendessen weniger als zwei Stunden zurückliegt. Eine gute Idee ist es, zwischen 17:30 und 18:30 Uhr das »große« Abendessen zu geben und, falls nötig, während des Abendrituals, nach dem Baden beispielsweise, noch einen gesunden Snack mit so wenig Kohlehyd-raten wie möglich; kein Zucker!
- Bei Kindern ab vier Jahren wird das Vor-bild der Eltern immer wichtiger! Wenn Sie bis in die Puppen aufbleiben und am nächsten Morgen nur widerwillig und in Trance zur Kaffeemaschine tapsen, müs-sen Sie sich nicht wundern, wenn Ihr Kind den Einschlafzeitpunkt auf immer später hinausschiebt.

- Wussten Sie, dass man nicht nur Babys überstimulieren kann, sodass sie trotz Übermüdung nicht einschlafen können? Dass das auch bei Kindern passiert, merken Sie zum Beispiel nach Kinder-geburtstagen. Benutzen Sie an solchen Tagen zusätzliche Hilfen, um das Kind »runterzufahren«, etwa Geschichten mit Autogenem Training oder ein Element aus dem Buch »Kinder spielerisch zur Ruhe führen« (siehe Anhang). Ideen für ein entspannendes Abend-Bad finden Sie im Internet unter www.land-der-aben-teuer.de / abendbad-zur-ruhe.
- Versuchen Sie, Autonomie-Machtkämpfe zu vermeiden (»Du schläfst jetzt end-lich!«) durch einen konsequenten Ablauf, der zum Ritual wird. Und dadurch, dass Sie Ihrem Kind Wahlmöglichkeiten ge-ben während des Abendrituals. Wenn ein Kind sich völlig übergebügelt fühlt, wird es versuchen, seinen Willen über die Schlafenszeit oder den -ort (gern: Eltern-bett) durchzusetzen. Schmuggeln Sie an anderen Stellen Wahlmöglichkeiten in das Abendritual. Das Kind darf dabei je-weils über zwei Optionen entscheiden. Nicht mehr, das würde es nur belasten.
- Singen Sie ein Gutenachtlied und zwar alle Strophen und mit Gefühl. Falls Ihr Kind sich mit drei Jahren gegen das Lied sträubt, suchen Sie gemeinsam Ersatz. Denn Singen entspannt den Körper und hellt die Stimmung auf – gerade nach einem »vertrotzten« Tag können Eltern wie Kinder diesen innigen Moment gut gebrauchen.

- Besonders Kinder mit ca. zwei, drei Jahren wollen eventuell Nähe tanken, können Mama oder Papa dann abends nicht loslassen. Abhilfe: ein Abendritual, das ganz viel Nähe schafft. Also eben nicht ein Kuss aufs Haar, CD an und raus. Die Nähe auch richtig spürbar machen: das Kind beim Vorlesen zwischen den gegrätschten Beinen sitzen lassen, sodass Ihre Arme, die das Buch halten, ums Kind geschlungen sind und es sich rückwärts in Ihre Arme lehnen kann. Oder, diesen Tipp haben wir von einer Ergotherapeutin: beim Reden, Vorlesen … neben dem Kind auf der Seite liegen und das Kind mit Ihrem Arm und/oder Bein »beschweren«. Das mag nicht jedes Kind, aber gerade notorisch unkuschelige Kinder und »Kopfkinder« genießen diese so deutlich spürbare Nähe und finden leichter in den Schlaf.
- Machen Sie den immer gleich formulierten Abgang aus dem Kinderzimmer, bevor Ihr Kind eindämmert, aber Achtung: nicht zu lange warten, damit Ihr Kind nicht schon im Halbschlaf liegt. Denn sonst ist Theater in der Nacht vorprogrammiert. In Büchern wie »Jedes Kind kann schlafen lernen« (siehe Anhang) finden Sie Tipps, wie Sie ein Kind nach und nach von Ihrer Anwesenheit beim Einschlafen entwöhnen können.
- Ab vier, fünf Jahren (teilweise auch schon bei Dreijährigen) können Sie eine Einstimmung in den Schlaf mit Geschichten versuchen, die Elemente des Autogenen Trainings enthalten.

- Vielleicht braucht Ihr Kind (momentan) einfach wenig Schlaf. Spielen Sie das Einschlaf-Machtspiel mit offenen Karten: Sie wollen nicht unbedingt ein schlafendes Kind, Sie wollen Feierabend, oder? Ihr Kind wehrt sich massiv, hellwach ins Bett gestopft zu werden. Da lässt sich ein Kompromiss finden (siehe Seite 17).

Nachtschlaf – im eigenen Bett

Von der Säuglings- über die Kleinkindphase entwickeln sich verschiedene kleine Rituale und Gewohnheiten, die bis zum Alter von zwei, drei Jahren des Kindes ein ziemliches Kuddelmuddel ergeben. Jetzt ist der richtige Zeitpunkt, sich hinzusetzen und zu überlegen: Was sind unsere Schlaf-Gewohnheiten? Wo sind meine Grenzen? Hat sich etwas eingebürgert, das mir (oder meinem Partner) auf die Nerven geht?

Unausgeschlafene Eltern sind nicht so belastbar und Kinder mit zu wenigen Tiefschlafphasen kriegen tagsüber viel mehr Wutanfälle vor lauter Übermüdung. Es ist

MIT HÖRSPIEL ODER MUSIK EINSCHLAFEN – ja oder nein? Tipps für und wider finden Sie auf www.land-der-abenteuer.de/ohren-auf-augen-zu.

also in Ihrer beider Sinn, wenn feststeht, wie jeder in der Familie genug Schlaf bekommen kann.

Wie könnten die neuen Regeln sein? Soll Ihr Kind immer in seinem Zimmer schlafen? Die ganze Nacht? Oder darf es irgendwann doch rüberwandern? Gibt es Ausnahmen, zum Beispiel bei Krankheit? Oder legen Sie sich dann lieber eine Luftmatratze ins Kinderzimmer, damit wenigstens Ihr Partner genug Schlaf bekommt? (Tipp: eine Isomatte, die sich selbst aufbläst, geparkt unterm Bett.)

Wenn Sie die Antworten auf diese Fragen kennen, können Sie sich daran machen, Regeln zu formulieren und das Kind schrittweise an diese neue Ordnung zu gewöhnen.

So schläft sich's gut im eigenen Zimmer

Zum Glück gibt es einiges, das Sie dafür tun können, um Ihrem Kind zu helfen, die Nacht im eigenen Bett durchzuschlafen.

- Auf Zimmer- und Körpertemperatur achten. Viele Kinder werden nachts für unsere heutigen Zimmertemperaturen viel zu dick angezogen. Sinkt aber die Körpertemperatur nachts nicht ein wenig ab, wachen sie andauernd auf. Orientieren Sie sich an der Temperatur des Nackens, nicht der Hände und Füße.
- Schlafsack oder Decke? Selbst manche Erwachsene schlafen noch besser im Schlafsack, weil sie es nicht gut ertragen, wenn Gliedmaßen aus der Decke lugen.

Ein Tipp aus der Ergotherapie ist wiederum, Kindern nach dem ersten Lebensjahr eine Daunendecke o. Ä. (je nach Zimmertemperatur) zu geben, da sie unter dem Gewicht der Decke besser einschlafen als im dünnen Schlafsack. Führen Sie ein Schlafprotokoll und testen Sie beides eine Woche.

- Das Wichtigste: Am Ende des Abendrituals (siehe Seite 79) sollte alles so sein, wie Ihr Kind es nachts beim Erwachen vorfinden wird. Inklusive der Flurbeleuchtung, wenn diese als Lichtschein ins Kinderzimmer fällt! Schon die kleinsten Veränderungen der Einschlafumgebung können das Kind beim nächsten inneren Check wecken.
- Tauschen Sie ruhig mal mit Ihrem Kind das Bett oder, wenn das wegen der Körpergröße nicht geht, übernachten Sie auf einer Luftmatratze in seinem Zimmer, während Ihr Kind bei Großeltern oder im Elternbett übernachtet. Finden Sie das Zimmer nachts angenehm? Gibt es Störquellen wie Geräusche von Nachbarn, Licht, …? Überlegen Sie, wie Sie das Zimmer und die Schlafecke zu einem wirklichen Rückzugsort machen können, in dem Entspannung leichtfällt. Berücksichtigen Sie Wünsche Ihres Kindes, wie zum Beispiel den Wechsel vom Gitterbett zu einer anderen Bettform.

Trost im eigenen Bett

Bevor Sie ein Kind mit in Ihr Bett holen, um es zu trösten, versuchen Sie es erst einmal wirklich konzentriert, trotz aller Müdigkeit und Genervtheit, während das Kind in seinem eigenen Bett liegt. Denken Sie daran, Tonfall und Aussagen Ihres Kindes aufzugreifen, damit es sich verstanden fühlt (siehe Seite 28)!

Gewähren Sie ihm geduldig Fürsorge nach einem Albtraum, geben Sie ihm falls nötig beruhigende Placebos wie ein Kirschkernkissen, zuckerfreie Notfall-Bonbons oder Bachblüten-Tropfen.

Greifen Sie auf, was Ihr Kind sagt, bis es ruhiger wird und kommentieren Sie dann sanft, was Sie tun: »... und noch ein paar Tropfen Cherry Plum für schöne Träume«; »Ich schüttel jetzt noch ein bisschen das Kissen auf, dann kannst du besser schlafen.« Benutzen Sie Ihre Worte, um positive Bilder im Kopf Ihres Kindes zu zeichnen. Nicht zu viele verschiedene Bilder »malen« und einfach formulieren, sonst steigt das Kind aus, weil es in der Vorstellung nicht hinterherkommt.

Auf Schlafprobleme bei Kindern angesprochen, riet uns eine Psychologin »ganz beim Kind zu bleiben«. Kinder ab vier kann man daran beteiligen, eine Lösung für die Ein- oder Durchschlafstörung zu finden. Natürlich nicht so erwachsen formuliert – greifen Sie einfach einen Satz des Kindes auf und fragen Sie nach, was ihm dabei helfen könnte, sich in dieser Situation besser / sicherer / ... zu fühlen.

Das ist mein Tanzbereich, das ist deiner ...

Bei einem Kind, das partout im Elternbett schlafen will, ist Konsequenz entscheidend. Es werden anstrengende Wochen, bis Sie Ihrem Kind den nächtlichen Ortswechsel abgewöhnt haben, aber es funktioniert nur, wenn Sie wirklich konsequent sind. Zur Not wird das Kind zehn Mal ins eigene Bett zurückgebracht. Damit Sie vor Übermüdung nicht weichgeklopft werden, pappen Sie sich Affirmationen an die Türen oder Wände: »Leonie schläft wunderbar in ihrem Bett«, »Leonie träumt am besten in ihrem eigenen Bett«, »Mein Bett gehört mir«, »Ich brauche ein Bett für mich, um gut zu schlafen« ...

Arbeiten Sie genauso mit einem Belohnungssystem wie beim ersten Klotraining. Belohnen Sie jeden positiven Schritt, den Ihr Kind meistert, mit einem Aufkleber oder einer Wertmarke. Vielleicht kommt es immer noch nachts zigmal zu Ihnen getappt, aber lässt sich widerstandslos zurück in sein Bett legen? Das ist ein Fortschritt, auch wenn es sich nicht so anfühlt! Oder vielleicht gibt es endlich keinen Terror mehr beim Einschlafen, aber die nächtlichen Quengeleien halten an? Trotzdem bekommt das Kind eine Belohnung – ausdrücklich für das tolle Einschlafen allein. Machen Sie es nicht zu einfach, aber auch nicht zu schwer. Wenn ein Dreijähriger ein seit Monaten oder Jahren praktiziertes Verhalten ein paar Mal unterdrücken konnte, ist das eine Riesenleistung und gehört honoriert.

Zu Gast im Elternschlafzimmer

Ausnahmen wird es immer geben. Manche Eltern holen kranke Kinder ins Elternbett, um sie nachts besser im Auge zu haben. Und nach schlimmen Albträumen, besonders in den Jahren vier bis sechs, kann es sein, dass sich ein Kind nur in Ihrer Gegenwart beruhigt. Ihrem Kind ist klar, dass das Ausnahmen sind – wenn Sie es nicht als Regel einreißen lassen! Um einen Rückfall in alte Gewohnheiten zu vermeiden, kann es aber sinnvoll sein, wenn Sie im Notfall im Kinderzimmer übernachten und nicht umgekehrt.

Wenn Sie sich dafür entscheiden, das Kind in Ihrem Bett zu dulden, immer wenn es Bedarf hat, ist es wichtig, dass Sie trotzdem zu Ihren Bedürfnissen stehen. Legen Sie sich so hin, wie Sie es brauchen, um gut zu schlafen – Ihr Kind will unbedingt bei Ihnen übernachten, dann kann es sich Ihren Wünschen an Platzbedarf fügen. Das trägt auch dazu bei, das Übernachten im Elternbett weniger attraktiv zu machen. Ebenfalls eine gute Idee: Wer unbedingt im Elternschlafzimmer nächtigen will, kann das auf einer Isomatte im Schlafsack tun – nicht in Ihrem Bett.

Unbedingt das innige Kuscheln, Einschlafrituale, Gespräche etc. auf das Kinderbett beschränken. Wer im Elternbett übernachten will, sollte nicht auch noch gelockt werden.

Chaos, lass nach – das Zimmer aufräumen

Ein Kinderzimmer muss nicht den Eltern gefallen, sondern dem Kind (siehe Kasten Seite 87). Es soll sein Reich, sein Rückzugsort sein, in dem es wie ein Drache inmitten seiner vielen »Schätze« hocken und neue Energie fürs Leben und den Kindergarten tanken kann. Daher: So sehr es Ihnen auch in den Fingern juckt, das Chaos im Kinderzimmer (heimlich) zu lichten, achten Sie beim Aufräumen die Schätze Ihres Kindes. Und achten Sie auch seine »Konstruktionen« und Bauten, gleich welcher Art.

Der Kampf mit dem Staubsauger

Tagelang angedroht »Wenn der Boden nicht leergeräumt wird, saug ich alles ein!«, trotzdem ist nichts passiert – klar, dass Eltern da Frust schieben. Trotzdem ist es nicht in Ordnung, die Drohung in die Tat umzusetzen. Wer quer über Lego, Fischertechnik und Playmobil-Arrangements saugt oder mit einem großen Müllbeutel bewaffnet durchs Zimmer schreitet und alles entsorgt, das aus Erwachsenensicht »eh nur Müll« ist, verletzt die Kinderseele tief.

Aber es gibt Grenzen der Autarkie: Bevor das Kinderzimmer so zugemüllt ist, dass es de facto nicht mehr benutzbar ist, sollten Sie einschreiten. Wo sind Ihre Grenzen? Machen Sie sie für Ihr Kind sichtbar – und finden Sie gemeinsam Lösungen. Zum Beispiel: Der Staubsauger kann immer wieder

Das Kinderzimmer – ein autarkes Reich

Je älter das Kind wird, umso stärker wird auch sein Drang nach Individualität und Identität. Das **eigene Zimmer** ist im besten Falle für Kinder ein **Rückzugsort**, ein Nest, eine Welt, in der sie sich wohlfühlen. Das Zimmer sollte nie ein Ort sein, in den das Kind zur Bestrafung geschickt wird!

Kinder sollten in ihrem Zimmer lernen, sich **die Umgebung** zu **strukturieren** – es stärkt ihre Selbstwirksamkeitserfahrung, wenn sie mitbestimmen dürfen, welche Farbe die Wand haben soll, wann das Gitterbett passé ist, etc.

Wir Erwachsenen müssen dann Abstriche machen. Wir haben es gehasst, wenn unsere Kinder ihre Betten mit Aufklebern beklebten, die sie schön fanden (wir aber nicht). Es konnte doch nur eine Frage der Zeit sein, bis auch sie diese Aufkleber nicht mehr schön finden, und dann? Aber was ist das für eine Überlegung?! Wir möchten doch einen Menschen erziehen, der Entscheidungen treffen kann. Und der Mensch lernt nun mal nur durch Versuch und Irrtum. Wenn ihm alle Entscheidungen abgenommen werden, dann lernt er es nicht! Im schlimmsten Fall sucht er dann sein Leben lang nach Mitmenschen, die für ihn entscheiden. Er ist ewig ein Befehlsempfänger – spätestens in der Pubertät wird das riskant. Um ein **autarkes Kind** zu erziehen, das in einer harmlosen Umgebung Handlung mit Konsequenzen verknüpfen lernt, trainieren Sie am besten zu Hause. Je früher wir mit den Konsequenzen unserer Entscheidungen konfrontiert werden, desto besser lernen wir, diese vorab zu durchdenken.

einen großzügigen Bogen um den Spielteppich machen, aber einmal pro Woche muss der ganze Boden freigeräumt werden. Eine Lösung war bei uns, die Spielfläche etwas zu verkleinern zugunsten eines Sideboards. Es ist so tief, dass neben Piratenschiffen und moderner Kinder-Kunst sogar ganze Feuerwehrwachen Platz finden. Den Transport vom Boden aufs Regal und zurück erledigen Mama oder Papa, damit nichts auseinanderfällt. So ist aufräumen nicht mehr gleichgesetzt mit »meine tollsten Konstruktionen zerstören«.

Aufräumtricks

Aufräumen ist eine Leistung, die Kinder stark fordert. Bei der Arbeit im Kindergarten kann man aber mit Erstaunen feststellen, dass Kinder schon sehr früh ans Aufräumen gewöhnt werden können und es schnell selbstverständlich für sie werden kann. Es muss nur in kleinen überschaubaren Schritten geschehen. Am Anfang brauchen Kinder auch viel Hilfe, denn das Aufräumen bietet ja Anlass, mit den Dingen, die man aufräumen soll, direkt noch einmal ins Spiel einzutauchen ...

Räumen Sie daher mit Ihrem Kind gemeinsam auf. Das hat mehrere Vorteile:

- Sie können sehen, ob Ihr Kind mit den Ordnungssystemen zurechtkommt.
- Sie zeigen ihm, wie es geht.
- Ihr Kind ist besser motiviert, da es nicht einen unüberwindbaren »Berg« allein abtragen soll.
- Sie können eben jenen »Berg« unterteilen.
- Sie können Ihr Kind sanft motivieren, wenn es sich in Spielzeugen verliert anstatt weiter aufzuräumen.
- Sie können das Aufräumen nutzen, um mit Ihrem Kind zu plaudern.

Viele Kinder erzählen ja nicht gerne über sich, wenn sie gefragt werden (»Was habt ihr heute im Kindergarten gemacht?«, etc.). Beim Aufräumen ergeben sich ganz natürlich Gesprächsanlässe, die oft spannende Dinge zutage fördern (»Ist das dein Lieblingsspielzeug?« (...) »Spielst du damit auch im Kindergarten?« (...) »Wer spielt da mit dir?«).

Platz da fürs Spielen

Ganz wichtig: Aufräumen sollte im besten Fall keine Strafarbeit sein, sondern eine Notwendigkeit, um Raum für neue Spiele zu schaffen. Stellen Sie das Ziel als erstrebenswerten Erfolg hin: Das Lego wird also weggeräumt, um einen neuen Zoo bauen zu können!

Kuhhandel

Kindern ab vier können Sie »zumuten«, allein ihr Zimmer aufzuräumen. Aber natürlich geht's besser zu zweit. Schließen Sie einen Handel ab: Was tut Ihr Kind für Sie, damit Sie ihm beim Aufräumen helfen? Es sollte etwas sein, das Ihr Kind jetzt gleich oder zumindest zeitnah erledigen kann und am besten seine Selbstständigkeit fördert (siehe Liebe und hohe Erwartungen, Seite 22). Zum Beispiel das Besteck aus der Spülmaschine verräumen (Schälmesser fischen Sie zuerst raus). Den Tisch decken. Den Hund füttern. Den Flur fegen. Sie bleiben dabei, aber lassen Sie Ihr Kind machen und sich Ihre Unterstützung beim Aufräumen »verdienen«.

Kleine Einheiten

Bei Kindern bis zum Teenageralter funktioniert ein generelles »Räum das Zimmer auf« oder »Räum das ganze Chaos weg« überhaupt nicht. Besser ist eine Strukturierung durch Sie in kleinere Aufgaben: Alle Kuscheltiere verräumen. Alle Lego-Bauteile zurück in die Lego-Kiste. Alle Dreckwäsche in den Wäschekorb.

Coach Cordula Nußbaum (siehe Anhang) empfiehlt für wiederkehrende Aufgaben eine (kurze!) Checkliste mit gemalten Symbolen – eventuell laminiert, sodass Ihr Kind sie mit einem abwaschbaren Marker stolz abhaken kann. Die Aufgaben sollten simpel sein, zum Beispiel: benutzte Wäsche in den Wäschekorb, alle Stofftiere in ihre Ecke vom Bett und alle großen Spielzeuge an den angestammten Platz.

In der Arbeitswelt ist »Gamification« ein Riesentrend (von game = Spiel). Was wir spielerisch und als Wettbewerb angehen, ziehen wir langfristiger und gewissenhafter durch, als konventionell gestellte Aufgaben. Genau wie das Anziehen (siehe Seite 63) kann das Aufräumen beispielsweise als Wettbewerb gestaltet werden. Der Küchenwecker läuft – schafft das Kind es, seine eigene Bestzeit zu unterbieten? Oder: Sie bekommen eine Aufgabe, Ihr Kind auch; wer hat schneller alles verräumt? (Natürlich ist Ihre Aufgabe kleinteiliger und umfangreicher, sonst wär's nicht fair.) Oder: Wer findet als Erstes fünf blaue Sachen und verräumt sie? etc.

Kindgerechte Systeme

Von einer Dozentin für Organisation haben wir gelernt: Es gibt zwei Ursachen von Unordnung. Dinge, die kein »Zuhause« haben, und Dinge, die das falsche Zuhause haben – nämlich dann, wenn Dinge, die man oft benutzt, kompliziert wegzuräumen sind. Was für viele Erwachsene der Graus der Papierablage ist, ist für Kinder jedes Ordnungssystem, das zu viele Handgriffe erfordert, genauso jede kleinteilige Ordnung.

Wie Sie Ihr Kind mit den richtigen Möbeln und Ordnungsbehältern im Kinderzimmer unterstützen, hängt ganz von Ihrem Kind ab. Als Faustregel gilt: je jünger das Kind, desto größer die Behälter und gröber die Ordnung. (Tipps für kindgerechte Systeme für Wäsche, Schuhe, den Kindermaltisch … finden Sie auf www.land-der-abenteuer.de / kinder-und-ordnung).

»Komm endlich in die Puschen!« – Natürliche Konsequenzen

Vielleicht kennen Sie das auch: Ständig wuselt das Kind um Ihre Beine und will Aufmerksamkeit. Aber wehe, Sie wollen das Haus verlassen – da verkriecht es sich plötzlich in sein Zimmer und fährt förmlich Saugnäpfe aus. Rufen, ermahnen, in die Jacke stopfen, am Arm zerren … bis Sie endlich aus dem Haus sind, haben Sie schon keinen Nerv mehr für einen entspannten Spaziergang.

»Mama geht, ich hinterher«

Rita Messmer, Autorin des Buches »Ihr Baby kann's!«, empfiehlt, von Anfang an die klare Regel aufzustellen, dass Mama zu folgen ist. Jedes Baby habe den natürlichen Instinkt, seiner Mama irgendwie hinterher zu »gehen«. Solange es nicht krabbeln kann, wird es das mit Schreien kundtun (und glücklich in einer Tragehilfe sein); sobald es krabbeln kann, wird es irgendwie versuchen, hinter Mama herzukommen. Was tun wir? Stellen den Instinkt mit Vehemenz ab, zum Beispiel mit Gittern (am Laufstall, am Bettchen, etc.), sodass das Baby lernt: »Mama kommt zu mir«.

Etwas anderes, das laut Messmer kleine Kinder bei uns im Gegensatz zu einigen Urvölkern lernen, sei, dass Mama die Verantwortung für das Kind trägt. Mama möchte den Ort wechseln: Sie greift sich das Kind und trägt es woanders hin – anstatt dass das Kind selbst aufpasst, nicht den Anschluss an die Mutter zu verlieren.

Messmers Tipp für Kinder, die das Verlassen des Hauses torpedieren: einfach gehen, das Kind kommt schon hinterher.

Nach Versuchen mit Kindern und Müttern erweitern wir den Tipp: Es funktioniert bei Kindern bis zu vier / fünf Jahren (je nach Reifegrad und Abgebrühtheit des Kindes), aber es durchzuziehen erfordert Nerven wie Drahtseile von der Hauptbezugsperson des Kindes.

Sie sagen Ihrem Kind (Achtung: wenige und kurze Sätze!), wo Sie beide hingehen und dass es jetzt noch X Minuten hat, um zu Ende zu spielen. Verwenden Sie einen Kurzzeitwecker für die angegebene Zeit. Kündigen Sie an: »Wenn die Uhr klingelt, treffen wir uns im Flur. Dann gehen wir los.«

Die Uhr klingelt, kein Kind erscheint? Gehen Sie, Ihre Schuhe und Jacke in der Hand, zum Kind und sorgen Sie dafür, dass es Sie wirklich hört und sieht (Blickkontakt). »Ich gehe jetzt in den Flur. Wenn du dich jetzt nicht anziehst, gehe ich trotzdem.« Vermeiden Sie Formulierungen wie »gehe ich ohne dich«, da Sie damit genau diese Option (»ohne dich«) im Kopf des Kindes als Bild verankern!

Gehen Sie in den Flur zurück, ziehen Sie sich langsam an (Geräusche machen) – und gehen Sie. Lassen Sie schwungvoll die Haustür ins Schloss fallen. Und lassen Sie sich nicht erwischen, dass Sie wartend davor stehen! Ihr Kind muss, wenn es die Tür aufreißt oder aus dem Fenster sieht, seine Mama tatsächlich davongehen sehen. Dass Sie in Zeitlupe gehen, das wird es in der Aufregung nicht wahrnehmen.

Bisher war noch keine Mama weiter als bis zur Straßenecke gekommen, bevor das Kind hektisch hinterhergerannt kam – teilweise tränenüberströmt und in Socken. Ermahnen Sie jetzt nicht (»Nächstes Mal ziehst du dich an, wenn ich es dir sage!«), gehen Sie auch nicht auf das Protestgeschrei ein (schon aus »Schiedsrichter«-Mund gehört: »Eine Mama *tut* so was nicht! Du musst warten, bis ich bei dir bin!«). Hat Ihr Kind alles zum Weggehen dabei, setzen Sie gemeinsam Ihren Weg fort. Fehlt noch etwas, dann machen Sie ohne viel Getue kehrt, lassen das Kind die Dinge ergänzen, die noch fehlen, und gehen dann. Taktisch sehr gut kann es sein, wenn zum Beispiel ein Schal fehlt und Sie dem Kind Ihren Schal leihen. Sprich: Wenn sich das Kind bemüht, hinter Mama herzukommen, wird es umsorgt. Macht es Theater und stellt sich quer, ist Mama weg.

Wollen Sie mit dem Kind einen Ort verlassen, an dem es andere Kinder gibt, und es weigert sich, ist der Trick nur schwer anzuwenden. Die meisten Kinder fühlen sich im Kinder-»Rudel« wohl und verkraften auch eine Abwesenheit der Mutter gut. Probieren Sie aus, ob Ankündigung und Weggehen auch in der Situation funktionieren. Ansonsten bleibt nur, das Kind gegen seinen Willen zu entfernen, wenn es partout nicht gehen will (siehe auch »Der stumme Druckser«, ab Seite 60).

»Mama meint das gar nicht so ...«

Streichen Sie ab heute alle leeren Drohungen aus Ihrem Wortschatz. Wie schnell rutscht uns raus: »Wenn du das nicht machst, dann ...!« Und da wir über die Drohung vorher nicht nachgedacht haben, erfüllen wir sie nicht. Vielleicht weil es zeitlich nicht passt, wir es wieder vergessen haben, es uns im Nachhinein zu drakonisch vorkommt. Kinder kriegen schnell spitz, dass die Drohungen der Eltern leer sind und nie umgesetzt werden. Da »zieht« fast nichts mehr, was man als Konsequenz androht.

Bei diesen Kindern funktioniert es besser, in Situationen Selbst-Verantwortung zu trainieren, die einprägsame natürliche Konsequenzen haben. Wer immer darauf baut, dass Mama ihn schon auffängt / zurückholt / runterhebt, der fällt jetzt mal leider ins Wasser, schrappt sich die Knie, etc. Sie als Erwachsener überblicken ja, wo natürliche Konsequenzen für Ihr Kind zwar momentan unangenehm, aber letztlich ungefährlich sind!

Jungen sagt man übrigens nach, dass sie *nur* aus natürlichen Konsequenzen lernen! Also nicht aus Ermahnungen oder verbalen Schilderungen von möglichen Konsequenzen (»das ist heiß ...«). Es erfordert Sherlock-Holmes-Gespür, »Lektionen« mit ungefährlichen Konsequenzen für alles Gefährliche zu entwerfen (zum Beispiel Strom, Wasser für Nichtschwimmer, zu wacklig zum Klettern, zu schnell fahren), aber es lohnt sich.

Mehr, mehr, mehr ... Kleiner Häwelmann

Immer noch länger spielen, noch mehr »Bommes«, immer neue Figuren von der Lieblingsserie, Geschrei bei jedem Vorschlag, doch jetzt endlich mal das Bad zu beenden ... »Ja, hast du denn immer noch nicht genug?!«, möchte man in manchen Situationen wie der gute Mond in Theodor Storms Geschichte vom Häwelmann fragen.

Selten sind Kinder von Natur aus genügsam – das wäre angesichts unserer Entwicklungsgeschichte auch fatal gewesen: »Nein danke, ich möchte nicht noch mehr von der Mammutkeule. Morgen gibt's bestimmt wieder was.« Kleine Neandertaler mit dieser Einstellung hatten vermutlich keine Chance, ihre Gene weiterzugeben.

Dass Kinder Ich-bezogen sind und, platt gesagt, den Hals nicht voll genug kriegen können, ist von der Natur so gewollt und war früher auch durchaus sinnvoll. Kinder sind aber gleichzeitig von Natur aus altruistisch und trotz ihrer Ich-Bezogenheit nicht egoistisch. Diese Balance aus Egozentrik und Hilfsbereitschaft, die bei Kleinkindern ausgesprochen niedlich ist, kann gegen Ende der Trotzphase kippen. Daher sollten Sie frühzeitig darauf achten, ob Ihr Kind sich selbst immer der Nächste ist und kein »genug« kennt.

Für die Praxis heißt das:
Hat Ihr Kind eventuell zu viel Entscheidungsfreiheit? Kann es zum Beispiel tatsächlich schon alleine richtig einschätzen,

ob es noch echten Hunger oder nur Appetit hat? Kleine Essen-Häwelmanns kann man ausbooten, indem sie nur die Wahl zwischen zwei verschiedenen gesunden Snacks bekommen. Wer beide verschmäht, hat vermutlich keinen echten Hunger ... Mehr Tipps dazu finden Sie unter »Krisengebiet Essen« (ab Seite 72).

Geschenke-Häwelmänner (und -frauen) haben einen zu großen materiellen Überfluss. Wenn nicht mehr das Geschenk an sich willkommen ist, sondern rasch beiseitegelegt wird mit dem Wunsch nach immer mehr, dann gibt's eine Zeitlang mal gar keine Geschenke »zwischendurch«. Und das Kinderzimmer sollte auf Spielzeug-Diät gesetzt werden.

Wenn es geht, versuchen Sie auch zu vermeiden, dass Ihr Kind Werbefernsehen sieht, und lassen Sie bei Lego- und Playmobilgeschenken die häufig beigelegten Werbekataloge vor dem Verschenken verschwinden. Genauso bei Büchern, wenn die Werbezettel für die übrigen Bücher der Reihe zum Heraustrennen eingeheftet sind. Genau wie bei uns Erwachsenen wird nämlich materielle Sehnsucht nach »immer mehr« durch Werbung geweckt. Und durch Mangel.

Das klingt paradox, nicht? Wo soll's denn mangeln, wenn das Kind alles Essen und Spielzeug hat, das es sich nur wünschen kann? Nach Meinung der Psychologen zeigt die Sehnsucht nach immer noch einer Süßigkeit, dem nächsten Lego-Bausatz, der nächsten Barbie-Puppe ... einen Mangel an anderer Stelle auf. (Das ist bei Erwachsenen

übrigens nicht anders!) Es ist also im besten Interesse Ihres Kindes, wenn Sie seinen Häwelmann-Tendenzen auf den Grund gehen: Plappert es nur etwas nach bzw. lässt sich (Thema Spielzeug) von dem, was es bei Freunden oder im Fernsehen sieht, verführen? Oder ist es wirklich ständig auf der Suche nach »Nachschub« – ob nun Essen oder Spielzeug? Worin könnte der eigentliche Mangel bestehen: Zeit in Ruhe, mit den Eltern? Mangel an körperlicher Bewegung? Mangel an Ruhe? Oder an Aufmerksamkeit, die ihm geschenkt wird?

Ein Freund nannte Kinder neulich »von Natur aus schamanistisch begabt«. Dazu gehört: Ich bin, was ich konsumiere. Gerade bei älteren Kindern läuft unbewusst ab: Wenn ich nur genügend Prinzessinnen-Figuren horte, werde ich zur Prinzessin; wenn ich so viel Transformers-Kram habe, dass ich mich darin vergraben kann, werde ich auch so cool ... Die Verwandlung funktioniert aber nicht, und so muss das nächste Teil der Serie her. Das ist kein Kinderkram: Viele Erwachsene haben ja auch Meter von Diät- oder Fitnessbüchern und -accessoires im Haus, ohne dass sich ihre Figur verändert hätte. Schieben Sie dem weiteren Konsum einen Riegel vor, und, ohne Ihre Hintergedanken zu thematisieren, bieten Sie Ihrem Kind echte Erlebnisse an, die zum Traum passen. Das wird am Anfang ein Raten ins Blaue hinein sein, aber wenn Sie Ihr Kind beobachten, sehen Sie bald, wo es aufblüht.

Kleine »Häwelmann«-Anflüge sollte man übrigens nicht so ernst nehmen. Ein schönes Beispiel aus dem Freundeskreis war Noah, sechs Jahre alt. Er kriegte pro Zahn, den er der Zahnfee abends auf seinen Schreibtisch legte, einen Euro. Das ging ein paar Monate lang so. Eines Nachts fand die »Zahnfee« (seine Mutter) einen mühsam gekritzelten Brief (dekoriert mit blutigem Zahn), dass er statt einem Euro lieber ein Buch über Dinos hätte. Was tun? Denn das Buch ist ja viel teurer als ein Euro. Aber Zähne »ansparen« ist ja auch doof. Die salomonische Zahnfee hat einen Brief (und ein kleines Dino-Buch) in der Folgenacht gebracht. Im Brief stand, dass sie ja sonst nicht mit sich handeln lässt, der Mut aber einmalig belohnt gehört ... Der Brief war so streng geschrieben, dass Noah sich von da an wieder mit der »üblichen Bezahlung« begnügt hat.

Heute ein Sensibelchen

Es gibt Tage, da ist einfach alles auf Sturm gekrempelt. Sie begrüßen gut gelaunt Ihr Kind – und es fängt an zu zetern, dass Sie es aus den Träumen gerissen haben, etwas gesagt oder eben nicht gesagt haben, die Klamotten falsch anreichen ... Nach zehn Minuten Lamentieren sind Sie völlig zusammengefaltet und sehnen den Moment herbei, wo Sie Ihr Kind endlich im Kindergarten abgeben können.

Versuchen Sie es besser nicht mit Ursachenforschung (»Ist etwas im Kindergarten passiert?«, »Hast du Bauchweh?«) – das regt Ihr Kind nur noch mehr auf.

Behandeln Sie es symptomatisch, solange es sich nur um vereinzelte Tage handelt:

Geben Sie ihm ohne großes Aufheben ein paar Schlucke Vanillemilch oder ein Stück Banane. (Nicht zu viel, sonst wird Ihr Kind das jeden Morgen einfordern. Die Milch oder das Obst sollte eher wie Medizin wirken.)

Der Drink kann helfen, weil er eine liebevolle Geste ist. Vielleicht beschäftigt Ihr Kind etwas, das es erlebt oder gehört hat; es möchte oder kann (noch) nicht darüber reden – aber Mama/Papa zeigen ihre Fürsorge, ohne dass es ein großes Theater gibt.

Tritt die Sensibelchen-Stimmung häufiger auf und bessert sie sich nach dem Trinkfrühstück schlagartig, ist Ihr Kind eventuell morgens unterzuckert. Checken Sie die Ernährung Ihres Kindes und besonders das Abendessen auf Kohlehydrathügel (siehe auch www.land-der-abenteuer.de/zuckerzombies). Vielleicht bringt die lange Nachtpause das Kind gefühlt an den Rand seiner Kräfte, weil sein Blutzuckerspiegel nur nachts rasant abfällt.

Ideal ist ein eiweißreicher Shake mit nur wenig Zucker. Er bringt unterzuckerte Kinder auf »Betriebstemperatur«. Bei unseren Kindern beliebt: 200 ml Mandelmilch/fettarme Milch mit etwa zehn Himbeeren/Kirschen/Birne ... pürieren (frisches Obst oder TK). Alternativ: ein paar Teelöffel zuckerfreies Obstgläschen statt Obst.

Bei unbestimmter Miesepetrigkeit helfen auch Bachblüten sehr gut, zum Beispiel je zwei Tropfen »Star of Bethlehem« und »Red Chestnut« auf eine halbe Kaffeetasse Milch/Smoothie/etc.

Bemuttern oder nicht?

Vielleicht wird Ihr Kind auch krank bzw. kämpft gegen einen Infekt. Sie kennen das selbst: Man ist (noch) nicht richtig krank, aber fühlt sich wie ausgespuckt und jeder schiefe Blick ist zu viel. So fühlt sich Ihr Kind eventuell, kann es aber nicht verbalisieren. Also zwingen Sie es nicht zu Selbstaussagen. Legen Sie ihm auch keine Aussagen in den Mund, nach dem Motto »Tut dir der Bauch weh?«, »Fühlst du dich fiebrig?«. Im Zweifelsfall ist die Antwort immer »jaaaa, ich bin kraaaank«. Tasten Sie möglichst unbemerkt Stirn und Nacken ab, lüpfen Sie den Schlafanzug für einen Blick auf Brust und Rücken, ob Sie kleine Pusteln entdecken – auch allergische Reaktionen können gereizte, übersensible Stimmung hervorrufen. Sehen Sie nichts, bemuttern Sie Ihr Kind nicht und folgen Sie dem üblichen Tagesablauf. Aber lassen Sie alles etwas ruhiger und sanfter angehen – vielleicht ist ein Infekt im Anflug.

Halten Sie die Ohren gespitzt, ob doch noch ganz beiläufig ein Grund für die empfindsame Stimmung aus dem Kindermund tropft. Bei einem Sohn dauert es manchmal einen halben oder ganzen Tag, bis er mit etwas rausrückt, das ihm schwer auf der Seele liegt, zum Beispiel ein Streit mit seinem besten Freund. Auf Nachfrage kommt nichts, erst wenn er selbst so weit ist, macht er einen zaghaften Gesprächsversuch.

Viele Frauen haben den Drang, alle Probleme verbal lösen zu wollen und Trost, Aufmunterung ebenfalls verbal zu liefern.

Das ergibt an solchen Tagen einen Wasserfall aus zunehmend gereizteren Mama-Aussagen, der auf zunehmend gereiztere Kinderohren trifft. Stellen Sie sich an diesen Tagen vor, Sie bestehen nur aus einem Paar breiter Schultern, die dem Kind Schutz und feste Burg sind. Das, was Sie heute tun, ist für Ihr Kind entscheidend – fast alles, das Sie sagen, verschlimmert die Stimmung jedoch. (Nachzulesen bei »Mamas ticken anders als Papas«, Seite 26, und »Der stumme Druckser«, Seite 60.)

Hält die übersensible Stimmung bis zum Nachmittag an, finden Sie bei »Der ›Ich-kann-nicht-mehr!‹-Blues« ab Seite 106 Tipps, wie Sie Ihrem Kind Ruhepausen verschaffen. Lesen Sie auch mal bei »Heulbojen« (Seite 42) und »Der Grantl-König« (Seite 53) nach, um sich inspirieren zu lassen.

Früher Zahnwechsel?

Klagt Ihr Kind an Sensibelchen-Tagen häufiger über einen diffusen Schmerz im Kiefer, besonders beim Weinen, und kann ein Zahnarzt keine Karies o. Ä. feststellen, könnte es sein, dass die bleibenden Zähne einschießen. Das kommt bei manchen Kindern schon ab drei (selten) und vier Jahren vor!
Versuchen Sie es mal mit einem Baby-Zahnungsgel wie Dentinox und mit Homöopathie-Mitteln, die beim Zahnen helfen.

Telefonieren für Eltern

Das Telefon löst anscheinend magische Wellen aus, die dafür sorgen, dass immer, wenn Sie den Hörer in der Hand haben, ein großes Klo-Malheur passiert, der Nachwuchs sich einen Becher Saft über den Kopf schüttet ...

Je nach Trotz-Typ eskalieren diese »zufälligen Unfälle« auch. Eine knifflige Situation: Reagieren Sie auf den Unfall mit dem Unterbrechen des Telefonats, hat das Kind sein Ziel erreicht – Ihre Aufmerksamkeit. Bei Ihrem nächsten Telefonat wird es noch eher einen Unfall provozieren.

Telefonieren Sie trotz kleinem »Unfall« unbeeindruckt weiter, geht's eine Eskalationsstufe hoch und der nächste Griff des Kindes ist zu Ihrem frischaufgebrühten Tee oder es spielt interessiert mit der Steckdose ...

Ihr Kind will Ihre Aufmerksamkeit – und es lernt schnell, wie es die am schnellsten in dieser Situation bekommt!

Telefonieren Sie, wenn Ihr Kind im Haus ist, grundsätzlich mit Kurzzeitwecker. So merken Sie selbst am besten, wie lange Ihr »kurzes Telefonat« mit der Freundin schon geht. Hat Ihr Kind zehn oder sogar 15 Minuten durchgehalten, ist das eine Super-Leistung! Die Uhr zeigt dem Kind auch, wie lange das Telefongespräch maximal noch dauert, ohne dass Sie etwas sagen müssen.

Gehen Sie erst einmal nicht davon aus, dass ein Unfall absichtlich provoziert ist. Vielleicht strengt Ihr Kind sich sogar sehr rücksichtsvoll an, Sie bloß nicht beim Telefonieren zu stören, und hilft sich selbst – da passieren schon mal Malheurs. Wenn es jetzt ausgeschimpft wird, ist die Motivation dahin.

Der Sohn einer Arbeitskollegin stellte sich vor seine Mama hin und hielt sich einen Becher mit Saft über den Kopf; legte sie nicht auf, schüttete er ihn über sich, den Tisch, ihre Unterlagen aus ... Nächste Eskalationsstufe: Er nahm ihren Becher mit heißem Kaffee. Legt Ihr Kind es ähnlich darauf an, dass ihm etwas passiert? Dann können Sie ihm klare Ansagen machen.

Wollen Sie für länger als zwei bis drei Minuten telefonieren, setzen Sie Ihr Kind an einen sicheren Ort, der ihm Beschäftigungsmöglichkeiten bietet und wo Sie es im Auge haben können, ohne dass Sie direkt im Blickfeld Ihres Kindes sind. Ideal ist ein Ort, an dem Sie über Unfälle wie verschüttetes Wasser, Saft, etc. momentan hinwegsehen können (Tipps unter »Haus- und Büroarbeit mit Kind« ab Seite 96).

Passiert etwas, machen Sie kein großes Theater, sondern vertrösten Sie Ihr Kind: »Das ist nicht schlimm. Mal jetzt erst mal weiter, wir machen das weg, wenn die Uhr klingelt.«

Sonderfall Toiletten-Malheurs: Sie merken ja recht schnell, ob Ihr Kind tatsächlich aufs Klo muss oder das nur vorschiebt. Behalten Sie es mit Telefon am Ohr im Auge, unterbrechen Sie das Gespräch kurz, um zu helfen, falls nötig. Kann Ihr Kind schon allein aufs Klo gehen und ihm passiert ein Missgeschick, während Sie telefonieren, reichen Sie ihm die benötigten Hilfsmittel (feuchtes Klopapier, neue Unterhose, Plastiktüte für die nasse Hose, etc.) und lassen es den Unfall selbst beheben.

»Ich muss das hier eben fertig machen ...« – Haus- und Büroarbeit mit Kind

Wie Sie ja schon wissen, ist Zeit für Kinder unendlich dehnbar. Wenn Sie fünf Minuten konzentriert an einer E-Mail schreiben, fühlt sich das für Ihr Kind einfach ewig an, auch noch im »hohen Alter« von fünf Jahren. Natürlich möchte es danach wieder Mama / Papa pur genießen und ist genervt, wenn Sie noch weiterarbeiten möchten. Sie hingegen denken: »Mensch, ich kriege hier überhaupt nix hin!«.

Auch Eltern, die vor Geburt des Kindes kreativ tätig waren (oder es jetzt erstmals als Stress-Ausgleich sein wollen, siehe Seite 115 ff.), knirschen mit den Zähnen, wenn sie außerhalb der Kinderschlafenszeiten nichts in Ruhe machen können.

Die schlechte Nachricht vorweg: Bis ein Kind ca. sieben bis neun Jahre alt ist (je nach Reifegrad), lässt sich ernsthaftes Arbeiten nur in homöopathischen Dosen mit einem Kind zu Hause kombinieren.

Selbst ein Kind, das sich schon gut länger allein beschäftigen kann, wird sicher immer mal wieder unter einem Vorwand der Hilfestellung (»Ich kriege diese Legosteine nicht auseinander«, etc.) vergewissern wollen, dass Sie noch da sind – und für es da sind.

Die gute Nachricht ist: Das andere Zeitgefühl Ihres Kindes kann man ausbooten und so immerhin Inseln schaffen, in denen Teile der Haus-, Kreativ- oder Büroarbeit möglich sind.

Was sofort hilft

Hier ein paar grundsätzliche Tipps. Weiter unten finden Sie spezielle Tipps je nach Situation (Hausarbeit, Büroarbeit, Kreativarbeit).

Einen Kurzzeitwecker verwenden

Auch hier kann der Kurzzeitwecker wertvolle Dienste leisten (siehe Seite 18). Das Kind hört immer wieder »Gleich bin ich für dich da« oder »Warte noch einen Moment«. Aber wie gleich ist »gleich!« und was ist ein Moment?

Je nach Alter kann das Kind schon ein Partner in der Absprache der Zeit sein. Sie können Zeit vergleichen: »So lange wie ... (die Lieblings-CD / Fernsehsendung).« Diese Zeit wird dann auf dem Wecker eingestellt.

Nachdem Sie die Zeit bestimmt haben, sollten Sie besprechen, was danach passiert. Im besten Fall gibt es eine Belohnung für das Kind – wie auch immer die aussieht.

In manchen Fällen braucht man zwei Wecker, falls das Kinderzimmer weiter weg vom Arbeitszimmer ist. Denn auch die Erwachsenen haben ein Problem mit Zeit ...

Elternteil arbeitet, Kind spielt leise

Man kann den Tag abwechselnd gestalten – Zeit für Arbeit / Spiel und gemeinsame Zeit.

Kinder werden heute häufig von ihren Eltern bespaßt; sie erwarten, dass man sie beschäftigt. Früher war das anders – zumindest in unserer Erinnerung. Ich (Anja) hatte als Kind häufig Langeweile. Daraus resultierte dann aber Kreativität: Ich habe selbst gelernt, mich zu beschäftigen. Da Langeweile aber kein besonders spaßiger Zustand ist, versucht das Kind es natürlich erstmal über die Eltern. Da hilft nur: Nicht verfügbar sein! Meine Tochter ist zwar wütend, wenn ich nicht alles weglege, um mit ihr zu spielen, aber nach einiger Zeit findet sie sich in ihr »Schicksal« und spielt oder bastelt. Und das ist doch eine Lektion fürs Leben: Langeweile bietet Freiraum! Und: Langeweile kann man selbst abstellen!

Alles sofort griffbereit

Gerade in den ersten Jahren nach Babys Geburt versinken die meisten im Baby-Chaos. Man wird so oft unterbrochen, dass irgendwie alles überall abgelegt wird. Priorisieren Sie neu: Wichtiger als »Gäste-Ordnung« ist, dass Sie Ihre Arbeitswerkzeuge alle beieinander haben. Denn ungeplante kinderfreie Zeit kommt meist überraschend. Ob Sie in zehn Minuten Kinderpause nun ein Fenster putzen, einen beruflichen Anruf machen oder eine Zeichnung skizzieren wollen: Wer jetzt erst anfängt, sein Zeug zusammenzukramen, wird eine Minute nach Beginn der Tätigkeit von einem kleinen Stimmchen unterbrochen: »Was machst du denn daaa?«.

Kinder »mitmachen« lassen – im Haushalt

Betrachten Sie Kinderhilfe im Haushalt nicht unter dem Aspekt »das macht eher noch mehr Arbeit« oder »was kann es mir schon abnehmen«. Sondern seien Sie froh, wenn Ihr Kind eine Putz-Tätigkeit macht, die es ansprechend findet, denn das verschafft Ihnen die Zeit, ernsthaft etwas sauber zu machen.

Die Zeit, in der ein Kind Ihnen mit einer Miniatur-Ausgabe Ihres Putzzeugs auf Schritt und Tritt folgt, ist arg begrenzt. Investieren Sie nicht in niedliches Putzzubehör, sondern geben Sie Ihrem Kind lieber echtes, sofern es ungefährlich ist. Das erhöht den Reiz ungemein!

Zunächst spielt es in Ihrem Windschatten. Ab ca. dreieinhalb Jahren kann man ihm dann »echte« Aufgaben übertragen. Kinder wirbeln mit dem Handfeger umher, wischen leidenschaftlich gern Flächen ab, auch total gründlich (aber eventuell mit Ihrem Spültuch das Klo von innen, gucken Sie daher ab und zu mal hin!). Im Garten Löcher auszuheben ist auch immer wieder echt beliebt. Oder Kräuter mit einer Kinderschere »beschneiden« bzw. ernten.

Je nach Alter müssen Sie immer mal wieder variieren. Abwischen ist vielleicht plötzlich total out – dafür ist Bettenmachen in (also alles richtig hinlegen und glattziehen; kleinere Kissen frisch beziehen). Auch bei der Wäsche können Kinder schon früh helfen. Je nach Gemüt eher beim Aufhängen oder für die Peniblen beim Sortieren in Hänge- und Trocknerwäsche.

So mancher moderne Sohn hat seinem Vater beigebracht, was diese ganzen seltsamen Zeichen zu bedeuten haben …

Bleiben Sie möglichst im gleichen Raum, damit Sie immer wieder diskret ein Auge drauf haben können. Sofern es nicht grober Unfug oder widerlich ist, lassen Sie Ihr Kind ruhig machen, auch wenn es Ihnen zum Teil in den Fingern juckt, einzugreifen. Kinder machen liebend gerne sauber, sogar noch im reifen Alter von fünf – wenn man sie denn lässt.

Kinder »mitmachen« lassen – das Büro zu Hause

Im »Home-Office« können Kinder mit ganz viel Büromaterial an einem separaten Tisch auch »arbeiten« und malen. Je mehr »aufregende« Werkstoffe beteiligt sind, desto länger die Aufmerksamkeitsspanne. Hier haben sich Wachstischdecken als Boden- und Tischschutz vielfach bewährt: Es kann Ihnen dann herzlich egal sein, ob der Glitzerkleber auf dem ganzen Tisch verteilt wird oder die Wasserfarben kreuz und quer laufen. Parken Sie einen Stuhl in Kinderhöhe in Ihrem Büroraum oder verlagern Sie Ihre Arbeit (soweit möglich) in die Nähe des Esstischs, der derart geschützt wird. Bleiben Sie aber nicht in unmittelbarer Nähe des Kindes, sonst wird es Sie andauernd ansprechen.

Kinder ab vier / fünf Jahren können auch schon »richtig« helfen. Zum Beispiel Papiere lochen (bei denen es auf Fehllochungen nicht so ankommt) oder Briefe frankieren, nachdem sie es ein paar Mal geübt haben. Pakete verpacken ist auch sehr beliebt. Gerade Geburtstags-, Weihnachts- oder Überraschungspäckchen für Freunde lassen wir jetzt nur noch von unseren »Assistenten« einpacken. Bisher sind sie mit Feuereifer bei der Sache. Kein Wunder: Sie werden in einen Stapel »gutes« Geschenkpapier gesetzt, mit scharfer Schere, Unmengen Tesafilm, Verzierungselementen, Schleifen … und dürfen die Karte nach dem Unterschreiben in ein Kuvert packen, zu den Geschenken ins Paket legen und dann das Paket gründlich zukleben. Senden Sie, vom Kind unbemerkt, eine E-Mail dem Paket voraus und erklären, warum es derart heftig eingepackt ist. Geschäftskunden sollten Sie vielleicht nicht mit einem Paket bescheren, das über und über mit Paketklebeband bestückt ist, aber diese wirklich mit Liebe und hängender Zunge eingepackten Päckchen kommen ansonsten gut an.

Kreativarbeit

Konzentrierte Arbeit an Sätzen (ebenso an Bildern, Fimo-Skulpturen oder was sonst Ihr Herz erfreut) verlegen Sie am besten in die Morgen- und Abendstunden, wenn Ihr Kind im Bett ist. Aber mit einem Projekt täglich »in Kontakt sein«, immer mal wieder daran knabbern – das geht. Coach Barbara Sher (siehe Anhang) empfiehlt, wirklich alle Materialien, die Sie benötigen, an einer Stelle zu lagern. Für Bildschirmarbeiter kommt noch hinzu, dass sie mit Software arbeiten, die dem bruchstückhaften

Arbeiten entgegenkommt. Also zum Beispiel mit einem Schreibprogramm, das sich merkt, wo Sie zuletzt im Text gestoppt haben. Sobald Sie ein Kind oder zwei haben, ist ungestörte Kreativ- oder Verwöhnzeit Mangelware. Wollen Sie zehn Minuten herumrennen, um sich Perlen, Nadel, Faden, Vorlagen ... zusammenzusuchen – oder wollen Sie stattdessen kreativ sein? Sie werden es genießen, wenn auf einmal wieder Bilder, Geschichten, Perlen- oder Näh-Objekte unter Ihren Fingern entstehen.

Eine Möglichkeit, die Seele durch Kreativität aufzutanken, ist auch, mit dem Kind zusammen kreativ zu sein (siehe »Malen«, Seite 133).

Luftveränderung für Eltern und Kind

Dicke Luft in der Bude? Dann gehen Sie raus mit Ihren Kindern, einen Baum umarmen. Ja, das geht auch bei Regen- bzw. Winterwetter. Sie wissen doch: Es gibt kein schlechtes Wetter, nur die falsche Kleidung!

Gemeint ist nicht der x-te Besuch auf dem Kinderspielplatz, sondern »Natur pur«: alte Bäume, grüne Blattknospen, Sonnenschein, der sich in Regentropfen bricht, »Höhle« spielen unter einer Trauerweide, Bärenfellgras als Haustierchen bespielen oder als kuscheliges Lager nehmen ...

In der Natur zu sein tut uns gut. Lässt unsere Gedanken zur Ruhe kommen, frischt unsere Laune und Seele auf. Das ist in uns Menschen einprogrammiert. Kind und Eltern blühen draußen auf – wenn denn der Weg zur Natur nicht mit zu vielen Hindernissen gespickt ist (weiter Weg bis zum Wald; Park zu klein; keine Parkplätze; etc.).

Als Faustregel gilt, dass Kinder zweimal am Tag länger als eine halbe Stunde draußen sein sollen. Versuchen Sie ein paar Mal die Woche dieses »Draußen« so zu gestalten, dass Sie auch etwas davon haben: ab in den (großen!) Park oder den nächstgelegenen Wald. Mit dem Fahrrad oder Auto hinfahren, falls der Weg dorthin sonst ein einziger Machtkampf wird.

Wie wäre es mit einem Ausflug zum nächstgelegenen Barfußpfad, Kletterpark, kindgeeigneten Trimm-dich-Pfad? Übers Internet finden Sie auch raus, welche Parks in Ihrer Umgebung spezielle Angebote für Kinder bieten, wie Klang- und Balancierstraßen. Sofern es nicht ausdrücklich untersagt ist, machen Sie mit bei den Übungen.

Vielleicht eine Motivation für Sie beide: Naturtagebuch führen (siehe auch Anhang). Natürlich in Kinderform, mit vielen Gemälden, eingeklebten Blättern. Ziel ist es, jeden Tag oder jede Woche einen »Schnappschuss« der Natur festzuhalten.

Kurzurlaub mit Kind

Wenn Sie die coolste Mama der Welt sein wollen, können Sie auch mal einen Ausflug während der Woche einplanen, am besten vormittags, damit alles schön leer ist. Zum Beispiel in einen modernen (!) Zoo, wo man durch die besondere Bepflanzung und Gestaltung bei schönem Wetter tatsächlich das Gefühl bekommt, mal eben nach Afrika geflogen zu sein. Während der Trotzphase ist es eine gute Idee, immer mal wieder einen Urlaubstag für die »Naherholung« zu verwenden, anstatt einmal im Jahr zwei oder drei Wochen Urlaub am Stück mit trotzendem Kind zu verbringen. Hier schaukeln sich, wenn Sie Pech haben, Kind- und Erwachsenengemüter so hoch, dass Sie nach dem Urlaub weniger erholt sind als vorher. Schieben Sie jedes halbe Jahr aber ein langes Wochenende / eine Woche Urlaub mit Kind ein – eventuell auch im Wechsel mal nur Papa, mal nur Mama. Im Schnee, am Meer. Die Luftveränderung ist immer eine Chance, dass Ihr Kind sein »Trotz-Gesicht« ändert und Sie zu einem neuen Miteinander in der Trotzphase finden. (Wie Sie das Wochenende mit Kind in der Trotzphase überstehen, finden Sie auf www.land-der-abenteuer.de / trotzphase-so-überstehen-wir-das-wochenende.)

Und wenn's regnet? Mit etwas Fantasie kann man auch zu Hause woanders sein! Wie wäre es mit Picknick auf dem Küchenboden, Bude bauen, an der offenen Balkon-/Terrassentür »im« Regen sitzen und die »Regentrude« von Storm lesen …

»Wie weit ist es noch?« – Spazierengehen mit Kindern

Kinder haben eine unglaubliche Energie. Leistungssportler haben versucht, da mitzuhalten, und erschöpft aufgegeben. Sie können gefühlte Stunden schreiend im irrwitzigen Tempo durch die Landschaft rennen, wenn es mit Gleichaltrigen geschieht. Spazierengehen mit Mama und Papa dagegen … Dazu dann noch die Kämpfe um heißgeliebte »Accessoires« wie das Laufrad oder Bobby-Car.

Viele Kämpfe bleiben Ihnen erspart, wenn Sie beim Thema Spazierengehen einigen Realitäten fest ins Auge blicken:

- Ihr Kind kann nicht so weit laufen, wie es meint.
- Ihr Kind wird nicht die ganze Zeit Laufrad fahren, auch wenn es partout das Laufrad mitnehmen will.
- Ihr Kind will sich bewegen und lamentiert im Kinderwagen lauthals – oder es schläft dort ein, was Ihnen dann einen Tanz beim Zubettgehen beschert.

Was tun?

Spazierengehen mit Kindern ist gern der Schauplatz von Machtkämpfen (siehe auch Seite 14 und 114). Hier gilt, was für alle Machtspielchen gilt: Werden Sie sich bewusst, was Sie wirklich wollen.

Wollen Sie sich bewegen oder soll das Kind sich bewegen?

Tun Sie so, als ob Sie nur fürs Kind rausgehen – aber unterwegs müssen Sie noch hier und dort Besorgungen machen, bis Sie am Spielplatz angekommen sind?

Wollen Sie gezielt irgendwo hin oder ist es egal, wohin und wie lange Sie unterwegs sind?

Eine Regel sollte sein: »Ich trage dein Laufrad / Bobby-Car, etc. nicht. Wenn du nicht mehr kannst oder möchtest, drehen wir um und gehen nach Hause. Aber auch den Rückweg bestreitest du mit deinem ausgewählten Gefährt alleine.« Das kann im schlimmsten Fall mit Riesengeheule zu unerwünschter Aufmerksamkeit von Passanten führen. Im besten Falle lernen die Kinder, was gut für sie ist und was nicht. Diese Regel funktioniert aber nur, wenn Sie die Wegstrecke auch tatsächlich der Ausdauer Ihres Kindes anpassen können! Wenn der Drogeriemarkt oder der Spielplatz noch weit ist und Ihr Kind wieder umkehren will, sind schwierige Situationen programmiert. Bleiben Sie dann vorher hart. »Wir müssen schnell wie der Wind zum Drogeriemarkt. Du kannst, wenn wir wieder zu Hause sind, Bobby-Car fahren.«

Wollen Sie diese Regel nicht durchziehen, machen Sie sich das Leben so leicht wie möglich: Schaffen Sie einen Trageriemen fürs Laufrad an oder (für Kleinere) wählen Sie ein Gefährt, das man über den Lenker des Kinderwagens schieben kann.

Möchten Sie erholsam einfach nur laufen, machen Sie das entweder ohne Kind (siehe »Gute Engel«, Seite 118) oder planen Sie Ablenkungen ein. Wettspiele sind immer gut: »Ich wette, du kannst nicht in zehn Sekunden bis zu dem Baum da und zurück laufen.« Oder: »Wer findet mehr verschiedene Blätter / Steine / Schnecken …?« Nehmen Sie Plastiktüten mit und lassen Sie die »Souvenirs« dann unbemerkt verschwinden. Oder sammeln Sie Steine und Stöcke. Der Mensch ist ein Sammler, das tut gut. Und aus 20 Stöcken kann man schon ein Lagerfeuer machen …

Tun Sie sich nicht immer neue Routen mit unbekannten Streckenlängen und Hindernissen an. Keine Angst vor dem immergleichen Weg! Kinder lieben Wiederholungen. Und der Weg wird nie wirklich gleich sein (Jahreszeiten, Baustellen, etc.). Das größte Plus aber: Ein solcher Weg bietet Sicherheit. Das Kind weiß, dass es den Weg schon einmal geschafft hat (und die Eltern auch). Diese Motivation ist nicht zu unterschätzen! Natürlich gibt es unterschiedliche Tagesformen, aber auch damit kann man umgehen.

Wechseln Sie immer wieder das »Fahrzeug«, damit es spannend bleibt. Eventuell mit anderen Familien einen Fahrzeug-»Pool« bilden, damit der Fuhrpark nicht so ins Geld geht.

»Mein Kind mag aber nicht mehr in den Kinderwagen. Aber es kann noch nicht so weit laufen.« Stellen Sie sich Ihr Kind in einer Steinzeit-Gruppe oder als Kind eines Nomadenstammes in der Steppe vor. Dort würde es ohne Wenn und Aber ins Tragetuch gepackt bis zum nächsten Rastpunkt. Und wer schon so fit zu sein glaubt, dass er nicht mehr ins Tragetuch will, der muss die Strecke zu Fuß bewerkstelligen …

Ab der Trotzphase, wo Laufen und andere Fortbewegungsmittel für das Kind hochinteressant werden, ist es an der Zeit, Kinderwagen-Kompromisse zu finden. Das Kind muss laufen, um Kondition zu kriegen. Aber anders als Ihr Kind überblicken Sie die nahe Zukunft: Es kann irgendwann nicht mehr und muss geschleppt werden. Wenn Ihre Kondition mitmacht, verwenden Sie als »Nottrage«, so lange es geht, eine Tragehilfe wie Manduca oder Ergo, aufgesetzt als Rückentrage (siehe Anhang). Das schont Ihren Haltungsapparat mehr, als das Kind frei auf dem Arm oder der Hüfte zu tragen. Gleichzeitig sind Sie so lange nicht von einem Kinderwagen behindert, bis das Kind tatsächlich Unterstützung braucht. Nachteil: Sie können nicht ein Laufrad über den Kinderwagen legen. Und Laufrad und Kind schleppen ist echt krass. Daher: Kein Gefährt mitnehmen, wenn die Strecke nicht dem Kind angepasst werden kann. Oder das Kind im Kinderwagen / Fahrradsitz zu seiner »Trainingsstrecke« fahren.

Transportieren Sie Ihr Kind, zur Not auch gegen seinen Willen, bis zu dem Ort (Wald, Schrebergarten, …), wo es in aller Ruhe und bis es nicht mehr kann, herumlaufen, Roller fahren etc. kann. Der »Steinzeit-Instinkt« Ihres Kindes, sich selber fortbewegen zu wollen, ist richtig. Aber wir sind nicht auf der Steppe und das Fahren auf dem Bürgersteig ist enorm anstrengend für ein Kind. Überall Ablenkungen, ständig wird man korrigierend ermahnt oder am Ärmel gelenkt, Mama ist im Gewühl der Pas-

Kein Gefährt mit Schiebestange

Ein Kinderarzt riet uns eindringlich von der Anschaffung eines Bobby-Cars mit Schiebestange ab. Sein Argument: Im Straßenbild sieht man fast nur Mütter oder Väter, die das Gefährt vor sich herschieben, während die Kinder die Füße hochhalten und sich kutschieren lassen. Versuchen sie zu trampeln, sind oft die Pedale bzw. der Durchmesser der Reifen zu klein fürs Kind, sodass sie hektisch strampeln müssen und dann bald aufgeben. Er hielt ein Laufrad für viel sinnvoller, Autos nur ohne Stange und in der richtigen Größe fürs Kind – immer dann verwendet, wenn es nicht schnell von A nach B gehen muss, sondern die Kinder in eigener Geschwindigkeit trampeln können.

santen im Blick zu behalten oder schimpft, wenn man zu weit vorausgefahren oder zurückgeblieben ist. Kein Wunder, dass Kinder nach 20 Minuten wie in Trance sind.

Vielleicht nervt Sie der tägliche Ausflug auch so, weil es für Sie körperlich echt unangenehm ist, Ihr inzwischen doch recht schweres Kind zu schleppen oder seine Accessoires? Ganz häufig ist ein Kind im Kinderwagen schlicht bequem für die Eltern. Es dauert eine Weile, bis ein Kind so groß ist, dass Sie keine Rückenschmerzen mehr bekommen, wenn es an Ihrer Hand geht.

Mindestens genauso lange dauert es, bis die kleinen Beine lange genug spazierengehen oder Laufrad »fahren« können, dass Sie nicht auf dem Rückweg das Kind oder das Laufrad oder beides schleppen müssen. Aber leider funktioniert Training nur so. Machen Sie Yoga (Seite 131) und lassen Sie sich abends massieren, um die schmerzenden Schultern und Rückenmuskeln zu belohnen. Es dauert bei Kindern zum Glück nicht sehr lang, bis sich deren Kondition der Wegstrecke angepasst hat.

Den Kampf um jeden Meter auf »später, wenn das Kind größer ist und länger durchhält« zu verschieben, bringt nichts. Der Kampf um jeden Meter ist keine Frage des Alters, sondern der Kondition.

Mit attraktiven Zwischenzielen können Sie das Kind immer weiter locken. Es sollte nicht bei jedem Zwischenziel etwas Materielles geben. Lieber: auf einem Baumstamm balancieren, ein kleines Waldspiel. Macht Ihr Kind auf einer Einkaufsstraße schlapp, können Sie zur Not auch einen Zwischenstopp in einer Buchhandlung etc. einlegen. Was bei Kindern ab vier immer gut zieht: »Das kaufen wir jetzt nicht. Aber zu Hause darfst du es auf deinen Wunschzettel stellen.« Alle paar Monate misten Sie den Zettel dann mal aus … Aus genau dem Grund ist es nicht gut, wenn die Zwischenziele Bäckereien oder Naschläden sind. Der Kauf lässt sich nicht gut verschieben – und Sie erziehen ein Kind heran, das einen Tobsuchts- oder Heulanfall bekommt, wenn Ihnen im Park mal die Snacks ausgegangen sind.

Der »Ich kann nicht mehr!«-Blues

Manche Nachmittage werden zu richtigen »Kampftagen« mit Kindern. Der Freitagnachmittag ist bei Kindergartenkindern dafür prädestiniert: Für Eltern wie Kind haben sich der Stress der Woche und die eventuellen Schlafdefizite summiert. Aber während die Eltern aufatmend das Wochenende in Nasenlänge vor sich sehen, steckt das Kind im Hier und Jetzt und damit im Freitagnachmittags-Tief. Da werden selbst die liebsten Kinder zu Knatschbacken und Terrorfürsten. Auslöser können auch sein: Ausflüge, eine Krankheit im Anflug, in der Nacht zuvor schlecht geschlafen, ein Entwicklungsschub.

Was Sie mit viel Toben und Bockigkeit an einem solchen Nachmittag serviert bekommen, ist letztlich pure Hilflosigkeit: Ihr Kind kann nicht mehr, gleichzeitig fühlt es deutlich, dass noch keine Schlafenszeit ist. Selbst die Aussicht auf ein Bad oder gemeinsames Keksebacken löst Geschrei aus. Das Kind kann es selbst mit fünf Jahren noch nicht artikulieren, aber jede Aktivität, die »Arbeit« und Konzentration erfordert (beim Baden zum Beispiel ausziehen, abtrocknen, anziehen) ist schon zu viel. Es braucht viel Empathie vom Erwachsenen, diese »Arbeit« zu erkennen und solche Aktivitäten nicht vorzuschlagen.

Folgende Tipps können Ihrem Kind hier helfen:

- Legen Sie keine Spieltermine, Ausflüge oder Kurse Ihres Kindes auf den Freitagnachmittag. Ihr Kind braucht jetzt Ruhe und Halt in Ihrer Nähe. Kommt so ein Kampftag überraschend (eventuell wird das Kind krank), sagen Sie Termine vielleicht besser ab.
- Lassen Sie, wenn möglich, Ihr Kind an diesem Nachmittag nicht fremdbetreuen. Besonders schwierig: Omas oder Tanten, die nur an diesem Tag vorbeikommen und voller Elan mit dem Kind loslegen wollen.
- Süßigkeiten sind nur eine kurzfristige Lösung. Ein kleiner Zuckerschub weckt bei Kindern schnell müde Geister. Nur geht es dann kurze Zeit später umso tiefer in den Keller. Gerade Freitag sollte also kein Naschtag sein.
- Gehen Sie nicht mit dem Kind shoppen oder Lebensmittel einkaufen. Samstagvormittag ist zwar der Horror in Geschäften, aber da ist Ihr Kind ausgeruht! Gehen Sie lieber alle früh ins Bett und nutzen Sie aus, dass ganz viele Langschläfer samstags erst ab 11 Uhr unterwegs sind.
- Nehmen Sie dem Kind Entscheidungen ab! Sie schlagen etwas vor, das Kind muss nicht von sich aus auf Spielideen kommen.
- Ersparen Sie Ihrem Kind innere Konflikte. Schlagen Sie nichts vor, das es richtig gerne macht, wofür ihm aber heute Kraft und Konzentration fehlen. Es wird sonst zustimmen, aber nach maximal zehn Minuten endet das Ganze in Nölen und Lustlosigkeit.

Spielerisch zur Ruhe kommen

✔ **Höhlenbau-Nachmittag:** Mama / Papa baut, während das Kind »die Kissen sortiert« (sich darauf ausruht). Anschließend gibt es in der Höhle einen Apfel, liebevoll in Stücke präpariert, und leise Gespräche oder Kuscheln.

✔ **Kuschel-Nachmittag,** wenn dem Kind danach ist.

✔ **Rollenspieltag:** Ihr Kind kann sich aussuchen, ob es die Raupe Nimmersatt ist, die, in ein Blatt verpuppt, herumliegt, ein Bär, den Sie nach einem Winterschlaf mit Birnenschnitzen und Nüssen (ab vier Jahren wegen der Erstickungsgefahr) aus seiner Höhle locken. Vielleicht ist es auch ein kleiner Patient, den Sie sehr lange und fachmännisch als Ärztin versorgen.

✔ **Theater-Nachmittag:** Spielen Sie etwas mit Kasperlfiguren, Stofftieren oder verkleidet vor. Die Geschichte und Figuren sollten vertraut und einfach gehalten sein.

✔ Ein kurzer **Spaziergang** durch eine ruhige Umgebung. Er löst die Kinderzunge; Sorgen und Erlebnisse kommen nach und nach zum Vorschein.

✔ **Geschichten-Nachmittag:** Was mag Ihr Kind jetzt am liebsten? Mit Ihnen Bilderbücher blättern und über die Bilder sprechen? Ihnen zuhören, wenn Sie etwas vorlesen? Sie können auch in einer Höhle oder im etwas abgedunkelten Zimmer mit schöner Beleuchtung selbst eine Geschichte erfinden. Nehmen Sie es als Kompliment, wenn das Kind dabei an Sie gekuschelt einschläft. (Wecken Sie es nach einem »Power-Schlummer« von maximal 20 Minuten!)

✔ **Wunderbare Ideen** finden sich in dem Buch »Kinder spielerisch zur Ruhe führen« von Dr. Monika Zimmermann (siehe Anhang). Dort werden Bewegungsspiele mit Traumreisen kombiniert, sodass auch sehr aufgedrehte Kinder sich nach und nach auf die Ruhe einlassen können.

Wie lange und womit Sie Ihr Kind zur Ruhe führen, ist altersabhängig.

Je älter das Kind ist, umso weniger sollten die Eltern »Entertainer« sein. Aber spürbare Fürsorge tut in jedem Alter gut!

Bei allen Aktivitäten gilt: Nicht zu lange und nicht zu viel Action hintereinander. Versuchen Sie erst mal eine Aktivität eine halbe Stunde lang, um das Kind zur Ruhe zu führen. Wenn es wieder klarer denken kann, bieten Sie ihm etwas anderes an.

Hat Ihr Kind sich beim Kuscheln etwas ausgeruht, können Sie auch gemeinsam eine Episode einer Lieblingsserie gucken (nichts Lautes oder Aufregendes). Bis zu einem Alter von fünf Jahren sollte es aber nicht länger als 30 Minuten dauern. Warum nach einer Ruhepause? Weil Fernsehen für Kinder noch nicht Berieselung, sondern anstrengend ist. Zur besseren Verarbeitung kann man im Anschluss ein Bild mit den Figuren der Serie malen oder das Gesehene (gemeinsam) mit Playmobil-Figuren nachspielen.

Viereckige Augen? So lösen Sie Bildschirm-Probleme

Kinder würden, wenn sie könnten, den ganzen Tag Fernsehen. Sie als Eltern wissen aber, dass zu viel Bildschirmzeit nicht gut ist. Also entscheiden Sie, wie viel Ihr Kind in welchem Alter schauen darf und welches Programm. Ob Sie sich, wie wir, auf Kompromisse einlassen, probieren Sie am besten mit Ihrem Kind aus. Bei kleinen Häwelmännern (siehe Seite 91) kann ein Kompromiss nach hinten losgehen. Da sind sehr strikte Regeln nötig.

Zählen Sie zur täglichen Dosis alle Zeit, die Ihr Kind vor einem Bildschirm jeglicher Art verbringt – egal ob TV, Handy-Spiel, iPad!

Benutzen Sie einen Kurzzeitwecker, damit die Zeit eingehalten wird – und damit Sie nicht immer die »Böse« sind, die den Konsum unterbricht, sondern der Wecker.

Fernsehen

Überlegen Sie gut, was Ihr Kind »live« im Fernsehen sehen darf und was es besser von DVD oder Rekorder sieht.

Mein Kind (Anja) darf zum Beispiel nur KiKa sehen, weil es dort keine Werbung gibt. In der Schule reden alle über ein bestimmtes Programm, auf einem anderen Sender? Ich breche unsere KiKa-Regel und erlaube meiner Tochter, das Programm zu schauen, da ich ihr ermöglichen möchte, sich ein Urteil darüber zu bilden. Ich schaue die Sendung mit ihr, damit ich auch urteilen kann. Dann kann man besprechen, wie es weitergeht, ob die Sendung ab jetzt erlaubt ist – oder nicht. Und welche bisherige Sendung dafür rausfällt. Natürlich möchten unsere Kinder mehr Fernsehen als abgemacht. Ab und zu gönnen wir ihnen das: Wir brauchen manchmal mehr Zeit für etwas anderes, und die Kinder haben das Gefühl, etwas Besonderes zu bekommen. So sind Regeln eine Möglichkeit, Ausnahmen zuzulassen, die als Belohnungen fungieren! Auch Krankheiten werden von aufmüpfigen Vier- und Fünfjährigen viel besser ertragen, wenn sie ausnahmsweise dann mehr am Bildschirm hängen dürfen. So kann man leichter eine Bettruhe oder Sofa-Ruhe durchsetzen, ohne heftige Diskussionen, dass das Kind »doch gar nicht zu krank zum Spielen« ist. Schöne Idee: Ein Kind kann sich mit langen Draußen-Aktivitäten (zum Beispiel zwei Stunden durch den Wald oder an einem Klettergerüst kraxeln), auch zusätzliche Bildschirmzeit verdienen.

Tricks, wenn die »Bildschirmzeit« ständig für Kampf sorgt

- Einen Timer stellen, wenn das Kind anfängt zu gucken. Den Timer kann das Kind auch unter Ihrer Aufsicht selbst stellen.
- Bleiben Sie im selben Raum – so sehen Sie, ob ältere Kinder versuchen, den Timer zu überlisten (das kommt selten vor) und Sie sind auch da, wenn es Probleme geben sollte oder Ihr Kind Ihnen etwas zeigen will.
- Ab drei Jahren: Dem Kind »Wertmarken« geben, die es für TV-Konsum oder Spielen auf dem Handy ausgeben kann (oder was Ihr Kind an Bildschirmzeit bevorzugt). Entscheiden Sie vorab, was mit nicht eingelösten Marken passiert. Um Konsumverzicht attraktiv zu machen, könnten Sie die Marken am Abend gegen echte Geldstücke einlösen, zum Beispiel gegen Fünf- oder Zehn-Cent-Stücke. So lernt Ihr Kind nicht nur, seine »Bildschirmzeit« im Griff zu haben, sondern übt spielerisch das Sparen gleich mit. Die Vorgehensweise funktioniert auch noch bei Sechsjährigen; Sie müssen nur den Wechselkurs anpassen, damit es attraktiv bleibt. Bei Kindern unter fünf: ein obercooles Sparschwein, um Sparen überhaupt attraktiv zu machen, am besten ein durchsichtiges.
- Natürlich kann man die Wertmarken auch für anderes eintauschen (Besuch im Freizeitpark?) – es muss nur klar sein, für wie viele Marken es was gibt und das Einlösen muss unmittelbar möglich sein, sobald Ihr Kind genug Marken zusammen hat. Vertrösten oder Entwerten (weil Ihr Kind »zu« erfolgreich im Sparen ist) ist Gift für jedes Belohnungssystem!
- Bevorzugen Sie, wo es nur geht, die »Retorte«; also DVDs, iTunes, mit dem eigenen Rekorder aufgenommene Sendungen, Kinderserien auf YouTube. Klar kosten DVDs und iTunes mehr, als wenn Sie Ihr Kind vor den Fernseher setzen. Aber einige Machtkämpfe entfallen, denn es schließt sich nicht gleich die nächste Sendung an, es gibt keine oder (bei der DVD) kaum Werbung, die Sie meist auch vorspulen können, Sie können den Zeitpunkt des Gesehenen wählen und sind nicht an eine feste Fernsehzeit gebunden, die aus dem Fernsehgucken schnell eine Gewohnheit macht.

Monster gucken

Einschlafprobleme können auch am Fernsehen liegen! Nämlich dann, wenn Ihr Kind etwas sieht, das ihm unheimlich ist. Das ist auf den ersten Blick nicht immer erkennbar! Manche Kinder verweigern das Medium komplett, wenn ihnen etwas unheimlich ist. Viele wollen den Film oder die Fernsehserie aber immer und immer wieder sehen, um es zu »meistern«. Lernen ist beim Kind inhärent – es kann nicht »nicht lernen«, und so zwingen sich die meisten, sich immer wieder mit dem auseinanderzusetzen, das ihnen Angst macht!

Was guckt Ihr Kind?

FILME

Informieren Sie sich, was Ihr Kind tatsächlich anschauen kann und was nicht. Viele Alterseinschätzungen der FSK sind völlig ungeeignet! So sind viele Disneyfilme mit »ab 0 Jahren« ausgezeichnet, obwohl es selbst Vier- und Fünfjährige bei »Die Schöne und das Biest« oder »Nemo« noch so richtig gruselt. »Piraten der Karibik« ab sechs? Nein!

Nur weil der Film nichts »Jugendgefährdendes« enthält, heißt das ja noch nicht, dass er ein Kind nicht wochenlang beschäftigt und ihm Albträume beschert.

Denken Sie nicht nur an die witzigen Stellen (deren Humor Kinder unter acht oft noch gar nicht verstehen), sondern an die unheimlichen. Für Kinder, auch noch für viele Sechsjährige, ist real, was sie auf dem Bildschirm sehen! Wenn Sie Ihrem Kind einen Film zeigen wollen:

✔ Warten Sie, bis Ihr Kind vier Jahre alt ist.

✔ Teilen Sie ihn auf kürzere Happen auf – da lässt sich Unheimliches schneller verarbeiten, weil nicht so viel auf einmal auf das Kind einstürzt.

✔ Zeigen Sie eventuell direkt nach dem ersten Drittel des Films das Ende, damit das Kind weiß: Es geht alles gut aus. Denn nach der Dramaturgie von Büchern und Filmen muss der Verlauf der Geschichte nach dem ersten Drittel kippen, damit die Spannung erhalten bleibt. Bei einem Film prasseln auf Ihr Kind Action, unbekannte Figuren, schnelle Schnitte ein – was es da nicht auch noch braucht, ist eine Spannungskurve!

FERNSEHEN

Angebote wie www.flimmo.tv bieten einen Leitfaden für Eltern durch das Fernsehprogramm. Man kann auf der Seite entweder Empfehlungen für das Alter des Kindes nachlesen oder umgekehrt prüfen, ob eine Wunschsendung für das Kind geeignet ist. Uns hat überrascht, dass so viele für Kinder als ungeeignet gekennzeichnete Sendungen im Leitfaden auftauchen. Nina Schneider von der Programmberatung für Eltern e.V., die Flimmo herausgibt, erklärte uns: »Sie glauben gar nicht, wie viele der ganz Kleinen auch beim Tatort neben den Eltern auf der Couch sitzen. Mit der Programmberatung durch Flimmo möchten wir Eltern Informationen an die Hand geben, die sie bei der Fernseherziehung und so auch bei der Auswahl angemessener Sendungen unterstützen. Aus diesem Grund werden im Flimmo alle regelmäßig ausgestrahlten Sendungen besprochen, mit denen Kinder in Kontakt kommen. Und natürlich ist bei dieser Fülle an Sendungen auch eine Menge Ungeeignetes dabei. Wir möchten die Eltern darauf aufmerksam machen, zu überlegen, welche Sendungen ihre Kinder überhaupt sehen, und sie dazu ermutigen einzugreifen, falls es sich um Problematisches handelt.«

Tipps zu TV-Alternativen, Computer-Kompetenz für Kinder und Lern-Apps finden Sie auf www.land-der-abenteuer.de / kinder-am-bildschirm.

»Papa kommt!« Wem gehört der Papa?

Wir gehen im Beispiel von der Konstellation aus: Die Mutter bleibt zu Hause beim Kind oder arbeitet in Teilzeit, der Vater arbeitet Vollzeit. Die Regeln lassen sich aber auch für jede andere Konstellation abwandeln, denn die Situation ist letztlich die gleiche, ob nun Papa oder Mama nach Stunden der Arbeit nach Hause kommt.

An einem normalen Tag mit einem Kleinkind sammelt sich allerlei Ungesagtes an – beim Kind und auch bei der Mutter. Kommt der Vater dann nach Hause, haben beide das Bedürfnis, ihn sofort in Beschlag zu nehmen.

Bei uns hat sich eine wichtige Regel bewährt: Der Papa begrüßt zuerst die Mama. Das hat folgende Gründe:

1. Das Verhältnis von Mama und Papa ist einfach älter. Es bestand schon vor der Geburt des Kindes und hat dementsprechend mehr »Wert«.
2. Mama fühlt sich dadurch wichtig. Kleine Kinder brauchen so eine Bestätigung nicht, sie fühlen sich immer wichtig.

3. Es ist eine Wertschätzung und ein kurzes »Danke« an die Person, die seit dem Abschiedskuss am Morgen das Kind allein betreut hat.
4. Mama kann ganz kurz etwas loswerden – so kann man bei einer Umarmung etwas ins Ohr flüstern, das das Kind nicht hören soll. Zum Beispiel über eventuelle »Bestrafungen« des Kindes, die gerade noch akut sind, von denen Papa wissen sollte.
5. Wenn das Kind als zweites begrüßt wird, kann es erst mal so lange reden, wie es will. Mama war ja schon dran und wartet nicht auf Papas Aufmerksamkeit.

Zu Punkt 4: Manchmal hat Mama sich ja mit so einer Strafe in etwas reingeritten, aus dem sie nicht mehr herauskommt, wenn sie konsequent erziehen möchte. Zum Beispiel hat sie sich mächtig über das Kind geärgert, den Spielplatzbesuch abgebrochen und gesagt: »Heute gehen wir nicht mehr auf den Spielplatz!« Es ist aber schönes Wetter und das Kind hat Bewegungsdrang. Da kann der Vater aushelfen. Er wird um einen Spielplatzbesuch angebettelt, kennt jetzt aber Mamas Verbot und lässt sich darum nicht weichkochen. Stattdessen macht er einen Alternativvorschlag, geht zum Beispiel mit dem Kind Roller fahren oder in den Park. Mamas Verbot hat Bestand, sie hat nicht ihr Gesicht verloren, aber das Kind kommt trotzdem an die frische Luft.

Papa gehört auch sich selbst

Was folgt der Begrüßung? Das hängt vom Papa ab! Viele Männer sind unendlich genervt, wenn gleich nach dem Türöffnen alle auf sie einstürzen und losreden. Sie brauchen mindestens 20 oder 30 Minuten Stille in ihrer »Höhle«, um umzuschalten vom Job auf Familie. Andere sind glücklich, gleich schon mit den Kindern loszulegen, vielleicht an die frische Luft zu gehen.

Besprechen Sie mit Ihrem Partner, wie ein Kompromiss aussehen kann. Und gewöhnen Sie ihn an einen Kurzzeitwecker, damit er nicht für den Rest des Abends in der Höhle verschwindet … Alternativ können Sie auch Ihrem Kind den Timer in die Hand drücken und es holt Papa zum Spielen ab, wenn die Zeit um ist. Dann sollte Papa natürlich dem Kind gehören! Und zwar ganz und gar.

Natürlich gehört auch Mama zwischendurch sich selbst. Ideen, wie Sie Zeit als Paar füreinander finden, lesen Sie ab Seite 120.

Feste Abläufe

Gestalten Sie nicht nur die Begrüßung, sondern den ganzen Nachmittag / Abend möglichst gleich – so werden sie für alle vorhersehbar und planbar.

Das Kind (oder die Kinder) werden immer wieder versuchen, einen Elternteil für sich zu beanspruchen, auch wenn eigentlich jemand anderes »dran« ist (siehe auch »Teamleiter Kind?« auf www.land-der-abenteuer.de / teamleiter-kind). Hier wie auch bei vielen anderen Erziehungs»problemen« ist wichtig: Das Elternpaar muss die gleiche Linie fahren. Wenn Papazeit ist, dann ist Papazeit fürs Kind! (Daran muss sich übrigens auch die Mama halten ...)

Deine Grenzen, meine Grenzen

Haben Sie Grenzen? Ja, klar! Aber wo sind die? Wie sehen sie aus und was passiert bei ihrer Überschreitung?

Kinder haben zunächst noch keine Grenzen. Und auch für Mütter ist es anfangs schwierig, zu entscheiden, wo sie selbst aufhören und das Kind anfängt. Denn das Hormon Oxytocin macht uns weich und bindungsfähig. Das kann zu fast unheimlichen Resultaten führen: Die Mutter wird Sekunden, bevor das Kind anfängt zu schreien, wach, sie erweitert ihre Wahrnehmung auf alle potenziell gefährlichen Situationen. Völlig unabhängig von großen Filmstudios sieht man täglich exklusive Horrorfilme – im eigenen Kopf: Das Kind schaukelt, immer höher und höher, und jauchzt. Aber wird die Schaukel halten, wird das Kind sich halten können, oder wird es im hohen Bogen davonfliegen ...?

Was hat das mit Grenzen zu tun? Diese hormonelle Grenzverwischung hat einen Sinn: Wir haben ein Gespür für das Kind und seine Bedürfnisse. Das Kind ist uns sehr nah, näher, als unsere Grenzen das anderen Menschen je erlauben würden.

In der Schwangerschaft essen wir bestimmte Dinge nicht mehr, weil sie dem Kind schaden könnten, in der Stillzeit genauso. Auch später essen wir die ungesunden (aber leckeren) Sachen heimlich, damit wir keine schlechten Vorbilder sind. Wir ändern unsere Lebensweise, indem wir kindgerechte Ausflüge machen und kindgerechten Urlaub.

Was lehrt die Kinder unsere durchweg kindgerechte Lebensweise, wo wir unsere eigenen Bedürfnisse nur im Verborgenen ausleben (zum Beispiel Verbotenes essen)? Dass wir keine Grenzen haben?! Dass die Welt für sie geschaffen ist, nach ihren Bedürfnissen funktioniert? Ist das die richtige Botschaft? Sicher nicht. In Kindergärten und Schulen muss man den Kindern heute mühsam die Lebenswelt der Erwachsenen beibringen, damit sie nicht irgendwann aufwachen und merken: »Schock! Es dreht sich gar nicht alles um mich!« Bei unserer (Anja) ersten Veranstaltung der Schule wurde von Eltern gefragt, was man noch tun könne, um die Kinder schultauglich zu machen. Die Antwort war ganz schlicht: »Bringen Sie Ihrem Kind Frustrationstoleranz bei.«

Ja, Kinder brauchen eine kindgerechte Welt, das wollen wir nicht bezweifeln. Aber die Erwachsenen müssen den Kindern frühzeitig klarmachen, dass es auch noch eine andere Welt gibt. Eine Welt, die nicht auf stetige Wunscherfüllung eingestellt ist. Eine Welt, in der manches tabu ist – und zwar nicht (nur), weil es gefährlich ist, sondern weil es nur für Erwachsene ist.

Wenn Sie Ihrem Kind frühzeitig Grenzen zeigen, bereiten Sie es nur angemessen auf das Leben vor. Aber wo anfangen?

Fühlen Sie in sich hinein. Was stört Sie, worüber ärgern Sie sich? Da findet man oft Grenzverletzungen. (Morgenseiten oder Seelenschreiben können Ihnen helfen, Grenzverletzungen aufzuspüren und Lösungen zu finden, siehe auch Seite 134.) Wenn Sie wissen, wie die Lösung aussehen könnte, sprechen Sie mit Ihrem Kind darüber. Denn Grenzen sind unsichtbar, daher werden sie oft unbemerkt verletzt. Sind sie sichtbar und benannt, lässt sich oft überraschend schnell eine Lösung finden, ohne dass es immer erst zum Streit kommt.

Auch scheinbar ausweglose, immer wiederkehrende Machtkämpfe treten häufig da auf, wo Ihre Bedürfnisse auf die des Kindes prallen – Sie aber Ihre eigenen Bedürfnisse nicht im Blick haben. So bleibt trotz allem Kampf die Lösung aus. Lesen Sie ab Seite 14 nach und schauen Sie ehrlich bei sich hin: Was wollen Sie in den Machtkampf-Situationen wirklich, wenn Sie mal alle »Es ist aber für das Kind besser, wenn ...«-Gründe außer Acht lassen? Dann lässt sich ein Kompromiss finden, der nicht im Innern faul und damit wenig tragbar ist. Der dänische Familientherapeut Jesper Juul sagt, ein liebevolles, festes Nein zum Kind bedeute ein Ja zu sich selbst, mit dem Sie Ihre eigene Persönlichkeit und Ihre Werte schützen. Auf ein »Nein« kann ein Kind sich einstellen, mit einer Situation, die heute okay ist und morgen auf vehemente Ablehnung stößt, kann ein Kind nicht umgehen.

Manchmal steckt hinter einem Kind, das scheinbar andauernd auf Machtkampf und Grenzen-Austesten aus ist, ein Kampf gegen das Überbeschützen und das mangelnde Zutrauen. Die Grenzen sind zu eng gesteckt, sind nicht aktualisiert worden, obwohl das Kind mehrere Entwicklungsschritte durchlaufen hat. Der Instinkt des Kindes ist richtig, die Trotzphase führt dann zu einem Knall nach dem anderen: Das Kind versucht, sich seine nächsten Entwicklungsschritte gegen die Überbehütung durch seine Eltern zu erkämpfen (siehe auch »Der stumme Druckser«, Seite 60). Rita Messmer fasst es in ihrem Buch »Ihr Baby kann's!« gut zusammen, wenn sie sagt, wir müssten unsere Ängste bekämpfen und nicht den Entwicklungsdrang unserer Kinder!

Mein Zimmer, dein Zimmer

Das Kinderzimmer gleicht dem berühmten Untergrund von Hempels Sofa und Sie möchten es für die Reality Show »Messie Alarm« anmelden? Aber es ist das Kinderzimmer! Erinnern Sie sich an früher, wenn Ihre Mutter Ihr Zimmer einfach so aufgeräumt hat, ohne zu fragen? Das ist eine Grenze.

Andererseits darf das Kind ungefragt alles im Rest der Wohnung benutzen? Nein, auch da gibt es Grenzen. Es sollte Räume geben, die für das Kind nicht ohne Weiteres nutzbar sind (zum Beispiel Elternschlafzimmer) – dort sollten dem Kind Grenzen gesetzt werden.

SOS? FRUSTSCHUTZ FÜR DIE SEELE

Auch wenn Sie wenig Zeit haben, ist es ganz wichtig, dass Sie sich selbst etwas Gutes tun. Die Jahre der Trotzphase sind fordernd, da müssen Sie Ihre Batterien aufladen! In diesem Kapitel finden Sie Tipps, wie Sie Aggressionen abbauen, zwischendurch entspannen und wenigstens kurz die Seele baumeln lassen können. An trüben Tagen helfen Ihnen auch die Rezepte aus der Naturheilpraxis weiter, mit wenig Aufwand die Sonne wieder scheinen zu lassen.

Auf den Teppich kommen, wenn der Anfall vorüber ist

Sie hatten gerade einen Riesenstreit mit Ihrem Kind. Egal, worum es ging: Sie haben es hinter sich, das Kind hat sich beruhigt. Für Kinder ist es sehr wichtig, dass Mama / Papa jetzt »nicht mehr böse« ist.

Manche Kinder sind nach einem Trotzanfall besonders anschmiegsam oder redebedürftig. Aber wie geht es Ihnen? Sie sind immer noch sauer oder sogar wütend. Oft ist die Ursache des Streits auch noch präsent: ein unaufgeräumtes Zimmer, ein Beweis für kindliche Zerstörungswut, die verstörten und empörten Blicke der Zuschauer im Einkaufszentrum, die den Mega-Wutanfall hautnah mitbekommen haben.

Sie haben den Streit beendet, beispielsweise durch Einigung oder Bestrafung. Für das Kind ist die Welt damit in Ordnung und es wird wieder in die normale Beziehung mit Ihnen übergehen wollen, zum Beispiel kuscheln, etwas vorgelesen bekommen. Aber dazu sind Sie einfach noch nicht bereit! Was tun?

- Denken Sie daran, dass Kinder ein anderes Zeitgefühl haben. Kinder lernen und erleben schneller als Erwachsene. Bräuchten Kinder für alle Erkenntnisse und Lernerlebnisse so lange wie Erwachsene, dann würde das Aufwachsen noch viel länger dauern. Es ist also keine Bosheit und kein Beweis für einen Mangel an tiefen Gefühlen, wenn Kinder schneller über solche Dinge hinwegkommen.
- Das Kind vertraut Ihrem Urteil. Sie haben den Streit für beendet erklärt, darauf muss das Kind sich verlassen können! Ihnen bleibt nichts anderes übrig, als Ihren Ärger für den Moment zu verschieben.
- Kindern sind die Dimensionen ihres Fehlverhaltens noch nicht bewusst. Sie sind zu Recht verärgert. Es wäre aber zu

viel verlangt, dass Ihr Kind die ganze Tragweite eines heruntergefallenen Saftglases schon versteht. Drücken Sie Ihren Ärger also nicht in Allgemeinplätzen und auf jeden Fall in Ich-Botschaften aus. Nicht: »Du bist immer so ungeschickt und machst mir nur Arbeit!«, sondern »Ich bin echt sauer, dass ich jetzt die Küche wischen muss«.

- Nehmen Sie sich ruhig eine Auszeit. Sie können den Kurzzeitwecker benutzen, um sich eine kurze Zeitspanne zu verschaffen, in der Sie den Ärger verarbeiten können. »Ich brauche jetzt ein wenig Zeit allein« ist auch eine Ich-Botschaft, die jedes Kind so früh wie möglich respektieren lernen muss.
- Übergeben Sie an andere Erwachsene. Scheuen Sie sich nicht, das Kind an jemand anderen zu verweisen (»Gute Engel«, Seite 118). Sie können dann in Ruhe Ihren Ärger verarbeiten.
- Akzeptieren Sie Ihre Wut – aber tun Sie etwas damit! Gehen Sie außer Sicht- und Hörweite des Kindes und machen Sie Ihrem Ärger Luft. Schreien Sie, prügeln Sie auf ein Sofakissen ein. Atmen Sie dann tief durch, machen Sie eine kurze Yoga-Übung oder etwas anderes aus diesem Kapitel, das Ihnen guttut. Wenn Sie zum Kind zurückkommen, muss das Thema für Sie beendet sein!
- Ausleiten: Halten Sie Ihre Hände unter fließendes Wasser und lassen Sie es die Wut wegspülen. Reiben Sie mit den Händen energisch von den Ellenbogen nach unten und werfen Sie die Wut in kleinen Portionen in den Ausguss. Zählen Sie bis zehn und trocknen Sie dann Ihre Hände ab oder schütteln Sie sie trocken.

Kinder tun bis zu einem gewissen Alter eigentlich nichts, bei dem sie von vornherein wissen, dass es ihre Eltern ärgert. Ihr Tun ist unabsichtlich und frei von Gedanken um Konsequenzen. Der »plötzliche« Ärger der Erwachsenen überrascht sie daher und sie versuchen, ihn zu verstehen. Machen Sie Ihrem Kind in seiner Sprache klar, was gerade passiert ist. Erklären Sie ihm Ihren Ärger, aber belasten Sie es nicht mit den grauslichen Visionen, die man als Erwachsener manchmal hat (beschreiben Sie keine Unfälle und buchen Sie Sachverluste nicht auf das Schuldenkonto Ihres Kindes).

Horchen Sie in sich und seien Sie ehrlich

Ich (Anja) habe es oft nicht geschafft, schnell wieder herunterzukommen und habe das meinem Kind auch so gesagt. Es war meiner Tochter aber wichtig, dass ich da war, also habe ich oft mit einem Buch in ihrem Zimmer gesessen, nach einem Trotzanfall, um innerlich wieder abzukühlen. (Lesen ist meine beste Abschaltmethode. Weitere Methoden finden Sie ab Seite 145.)

Haben Sie keine Angst davor, vor Ihrem Kind zuzugeben, dass Sie mit etwas ein Problem haben. Kinder befürchten ganz schnell, dass sie die Ursache der Probleme sind. Erklären Sie daher, dass für Sie der Streit (denn ein Trotzanfall wird ja oft durch einen Streit ausgelöst) vorbei ist, dass Sie sich aber einen Moment ausruhen müssen. Bitte vermeiden Sie es, das Kind mit ins Boot zu holen: »Wenn du jetzt besonders lieb bist ...«, »Wenn du mir jetzt ein Küsschen gibst ...« dann »ist alles wieder gut« – so nicht! Das Kind sollte keine Verantwortung für Ihren Gemütszustand empfinden!

Kinder sollen sich Gedanken um ihre eigenen Gefühle machen, ohne auch noch über die Erwachsenen nachdenken zu müssen. Sie tun es natürlich trotzdem und haben ganz feine Antennen für die Stimmungen ihrer Bezugspersonen. Deshalb ist es so wichtig, sich klar abzugrenzen und auszusprechen, wie es einem geht – und dass man ohne die Hilfe des Kindes damit fertig wird und das Kind nicht schuld ist.

Nach einiger Zeit ist es dann vielleicht auch möglich, über das Geschehene zu sprechen. Manche Kinder können das sehr gut, andere nicht. Wir haben die Erfahrung gemacht, dass oft ein indirekter Zugang es dem Kind erleichtert, über diese unangenehmen Dinge zu sprechen.

Beispiel: Bei einem heftigen Trotzanfall hat das Kind mehrmals gegen die Tür getreten und den Flur »umgeräumt«. Außerdem sind einige unschöne Worte gefallen. Nach einiger Zeit der Beruhigung macht man zusammen eine Besichtigung.

»Was ist denn hier passiert?«, fragt Mama verwundert in den Raum. »Sieht aus, als ob ein wütender Affe hier Disco getanzt hätte.« Das Kind kann dann über den Affen sprechen: »Ja, der war sehr wütend.«

»Hmmm, zum Glück ist der jetzt weg.« Das Kind ist auch erleichtert. »Ich glaube, das tut dem jetzt bestimmt leid.« »Ob er sich wohl wehgetan hat, als er gegen die Tür getreten hat?« Kind: »Ich glaube nicht.« »Was machen wir denn jetzt?« Falls das Kind nicht von alleine auf die Idee kommt, schlägt man selbst ein gemeinsames Aufräumen vor.

Falls Ihnen die Hand ausgerutscht ist

Ist es das erste Mal? Verzeihen Sie sich! Das Kind tut es sowieso. Arbeiten Sie an sich, ergründen Sie, warum das geschehen konnte. Der Grund liegt in Ihnen, nicht in dem Kind! Den meisten Menschen, die von ihren Kindern angeschrien werden: »Ich hasse dich, du XX (übles Schimpfwort)«, rutschen nicht die Hände aus! Warum Ihnen? Oft müssen viele Faktoren zusammenkommen, damit das passiert: Übermüdung, Überforderung, Wut, Unsicherheit ... Ergründen Sie, was Sie an Ihrer Gesamtsituation verbessern müssen. Manchmal reicht eine Nacht durchschlafen aus (siehe »Fitmacher Tiefschlaf«, Seite 122) – finden Sie Lösungen. Oder suchen Sie Hilfe und Entlastung!

Auch Worte können sehr viel Schaden anrichten: Psychische Gewalt, Druck und Liebesentzug sind für Kinder manchmal noch quälender als körperliche Gewalt. Auch hier hilft es, hinterher darüber zu reden. Es schadet Ihrer Autorität überhaupt nicht, wenn Sie sich auch entschuldigen, für das, was Sie vielleicht gesagt haben.

Schließlich sind Sie in allem ein Vorbild. Von wem soll das Kind denn sonst lernen, wie man sich entschuldigt?

Ganz wichtig: Echte Trotzanfälle sind keine Machtkämpfe! Das Kind trotzt nicht, um Sie zu testen oder etwas zu erreichen (siehe Seite 10 ff.). Für den Erwachsenen gilt es also, diese Trotzanfälle nicht persönlich zu nehmen. So unschön sie auch sein können: Sie sind ein Ausdruck der Reifung. Schaffen Sie es, das in den Vordergrund zu stellen, so können Sie den Ärger darüber auch besser verarbeiten – weil es ja nicht mehr gegen Sie persönlich geht.

Gute Engel und Kinderflüsterer

Wer sagt eigentlich, dass Sie bzw. Sie und Ihr Partner / Ihre Partnerin immer die lieben Kleinen bespielen müssen, damit diese Aufmerksamkeit bekommen?

Es ist bei vielen Eltern immer noch weit verbreitet, dass man die Kinder außerhalb der Kindergartenzeiten entweder selbst betreut oder sich zum Beispiel mit anderen Kindern und Müttern zum Spielen trifft, um das »Leid« des Kiddie-Entertainments auf mehrere Schultern zu verteilen.

Wer einen oder zwei Nachmittage die Woche die Kinderfrau das Kind aus dem Kindergarten abholen und betreuen lässt, erntet scheele Blicke oder Sprüche: »Was das kostet«, »Jetzt geht das Kind schon so lange in den Kindergarten und trotzdem hat die Mama keine Zeit«. Falls Sie das nötige Geld für eine Kinderfrau haben, lassen Sie sich von solchen Kommentaren oder Blicken nicht ins Bockshorn jagen. Alles, was Sie in der Trotzphase Ihres Kindes an Zeit in Ihren Frustschutz investieren können, ist wirklich sinnvoll angelegt!

Wer sich eine Kinderfrau nicht leisten kann oder mag, dem stehen andere Kinderflüsterer zur Verfügung – man muss nur mit etwas Nachdruck nachhelfen und auch wirklich sinnvolle Zeiten wählen.

Denken Sie auch mal abseits von Oma und Nachbarstochter. Wie sieht es mit der Patentante Ihres Kindes aus? Mit seinen Opas?

Gute Engel richtig einsetzen

Nicht nur Sie haben etwas Luft gewonnen, sondern auch Ihr Kind profitiert. »Kinder lernen manche Dinge besser von anderen Menschen, nicht von den Eltern, besonders wenn es um Feinmotorik geht – zum Beispiel Schleifen binden, die Nase richtig putzen ...«, sagte uns eine Kinderärztin. Kinder, ganz besonders Jungen, gucken sich Fertigkeiten am besten am lebenden Objekt ab. Wenn Sie selber keinen Nagel gerade in die Wand schlagen können, wäre es vielleicht ganz gut, wenn Ihr Kind ein paar Nachmittage mit Opa / Tante in deren Werkstatt verbringt, etc. Schauen Sie sich Ihren Verwandten- und Bekanntenkreis an: Was kann zum Beispiel die Patentante / der Patenonkel Ihrer Kinder ganz besonders gut? Es geht nicht darum, dass Ihr Kind diese Fertigkeiten im zarten Alter von zwei

Oma zum Mieten?

✔ Gute Engel finden Sie auch über **Empfehlungen** und **Aushänge im Kindergarten. Agenturen** können eine große Hilfe sein, dann addiert sich zum Stundenlohn allerdings noch eine einmalige Vermittlungsgebühr. Manche großen Firmen bezahlen übrigens Agenturen, die die Angestellten bei der Suche nach einer Kinderfrau, einem Not-Babysitter etc. unterstützen. Nachfragen lohnt sich!

✔ Im **Internet** gibt es interessante Angebote über Plattformen wie www.haushelden.de und über »Oma«-Portale: Wollen Sie eine Oma »mieten«, da die echte Oma Ihrer Kinder nicht mehr lebt oder zu weit weg wohnt, googeln Sie nach »Großelterndienst«, »Oma-/Opa-Börse«, »Wunsch-Oma«, »Omas zum Mieten«, »Omas zum Leihen«. Es gibt ehrenamtliches Engagement, begrenzt auf ein paar Stunden pro Woche, und Leih-Omas, die den Stundensatz von Kinderfrauen bekommen. In jedem Fall die Motivation prüfen, warum die Person fremde Kinder betreuen möchte!

bis vier schon selber richtig erlernt, sondern dass sich sein Horizont erweitert.

Geben Sie Ihr Kind in die Hände des ausgesuchten Guten Engels – und sorgen Sie dafür, dass Sie an einem anderen Ort als die beiden sind. Sonst sind Sie gedanklich immer noch beim Kind, sind ein Stück weit immer noch auf Abruf. Nutzen Sie die kostbare Zeit, um sich richtig zu erholen.

Müttertausch

Gemeinsame Spiele- und Spielplatznachmittage mit anderen Müttern sind wirklich nett. Und sie erfüllen gerade in der Trotzphase eine wichtige Funktion: Der Austausch mit anderen Eltern gleichaltriger oder älterer Kinder zeigt Ihnen, dass Sie

nicht allein mit Ihrem bockigen Kind dastehen, und ermöglicht Ihnen, Ihrem Ärger und Frust Luft zu machen.

Aber noch wichtiger ist, dass Sie Zeit zum kompletten Abschalten und Regenerieren haben. Organisieren Sie deshalb unbedingt einen »Müttertausch« bzw. Kindertausch.

Das geht nach dem Prinzip »Eine Hand wäscht die andere«. Nach unserer Erfahrung ist es der geringste Planungsaufwand, wenn sich ein kleiner fester Kreis von Müttern (am besten maximal drei) auf einen festen Tag pro Woche einigt. Reihum betreut eine Mutter die Kinder, während die anderen beiden Mütter frei haben. Dadurch, dass jede mal »dran« ist, ergibt sich nicht so eine komplizierte Kiste aus »Jetzt hattest du schon zweimal den Max und ich sollte jetzt mal die Leonie betreuen ...«.

Nutzen Sie die so gewonnene Zeit wirklich für sich! Klar ist einkaufen ohne Kind viel entspannender. Aber was Sie jetzt brauchen, ist kein Shopping, sondern körperliche oder mentale Wellness in einer ruhigen Atmosphäre. Am besten etwas, das sich mit »Psychohygiene« (ab Seite 127) verbinden lässt. Sie werden sich nach ein paar Stunden fühlen, als kämen Sie gerade gut erholt vom Strandurlaub zurück. Wenn nicht: Probieren Sie in zwei Wochen etwas anderes aus, wenn Sie wieder »kinderfrei« haben.

Es ist ein interessanter Effekt, dass dieser »Müttertausch« mehr für die Entspannung der Mamas bringt als die Betreuung durch einen »Guten Engel« jedweder Form. Vielleicht, weil man nicht das Gefühl hat, man müsste in dieser Zeit besonders »produktiv« sein, damit sich das Geld (für die Kinderfrau, die Leih-Oma) oder der Gefallen (der Patentante) auch wirklich

---

Müttertausch mit Babysitter

Fühlen Sie sich von der Aussicht, auf drei Kinder aufpassen zu müssen, überwältigt oder kommen noch kleine Geschwister dazu, bitten Sie um Hilfe. Eine gute Möglichkeit ist, eine Nachbarstochter oder Patentante / Patenonkel Ihrer Kinder als Babysitter einzuspannen. Allein wäre ihr / ihm eine solche Kinderhorde zu viel – aber zu zweit können Sie das schaukeln, ohne zu viel Nerven zu lassen.

»lohnt«. Denn da die Betreuung reihum geht, »arbeitet« man hart für die Freizeit. Probieren Sie es aus!

Papa-Mama-Zeit – Fehlanzeige?

Dass viele Eltern das Gefühl haben, sich als Partner komplett aus den Augen zu verlieren, nur noch »Mama und Papa« zu sein, das haben wir uns oft auch selbst zuzuschreiben. Wir lassen es geschehen – weil der Alltag uns überrollt, weil es immer etwas anderes zu tun gibt, weil es aufwändig ist und oft auch eine Stange Geld kostet, kinderfreie Zeit zu organisieren.

Aber jeder Aufwand, den Sie jetzt darein investieren, Ihre Partnerschaft zu pflegen, zahlt sich aus! Auch Ihr Kind spürt, wenn Sie glücklich und entspannt sind und ob sich Papa und Mama aufeinander freuen oder nur nebeneinanderher leben.

Machen Sie für jede Woche, aber mindestens für alle zwei Wochen, ein festes »Date« aus. Da verbringen Sie nur Zeit miteinander. Ein Fernsehabend zählt nicht als Date. Der Blick nicht in die Augen sondern auf einen Bildschirm ist nur erlaubt, wenn Sie ins Kino gehen und dabei Händchen halten.

Hier eine Liste mit Anregungen:

• Schaufeln Sie sich unbedingt Zeit frei zum Gespräch, zum in die Augen gucken … auch wenn die Kinder in der Nähe sind.
• Das Esszimmer so gestalten, dass die Kinder sich jenseits des Tisches selbst

beschäftigen können, während Sie sich miteinander beschäftigen. An die Frauen: »Miteinander beschäftigen« heißt nicht nur reden! Denken Sie an das Klischee vom Mann, der davon träumt, dass man »gemeinsam so gut schweigen kann«. Er will vielleicht einfach nur Ihre Hand halten, während Sie beide Zeitung lesen oder gemeinsam über YouTube-Videos auf dem Notebook kichern.

- Fahren Sie längere Autostrecken dann, wenn die Kinder schlafen. Der Beifahrer döst nicht, sondern Sie beide genießen die Chance, sich mal ohne ständige Unterbrechungen zu unterhalten oder »Ihre« Lieder von früher zu hören. Denken Sie nur immer an die großen Ohren, die jederzeit von Ihnen unbemerkt aufwachen und alles von Ihrem Gespräch mitkriegen können!
- Wenn die Kinder nicht schlafen, können Sie auch eine akustische Trennung basteln, indem Sie die Lautsprecher mit einer Kinder-CD nur bei den Kindern aufdrehen und Sie sich währenddessen miteinander unterhalten können.
- Nehmen Sie sich mal einen Tag während der Woche frei und gehen Sie in eine Therme, während die Kinder im Kindergarten sind. Verraten Sie ihnen bloß nichts von Ihren Plänen – offiziell ist es ein Arbeitstag wie alle anderen auch.
- Für viele Paare kann es sexuell äußerst belebend sein, sich mal nicht Wand an Wand mit dem Nachwuchs zu befinden. Da Sie vermutlich nicht in einem Stundenhotel einkehren wollen, müssen Sie

Babysitter-Tausch

Bei knapper Kasse und guten Freunden mit Kindern können Sie einen Babysitter-Tausch vereinbaren: An einem Abend der Woche passt einer von Ihnen beiden auf die Kinder des befreundeten Paares auf (also ist nur ein Elternteil bei Ihren Kindern), in der nächsten Woche passt einer der beiden Partner des befreundeten Paares auf Ihre Kinder auf, während Sie beide an dem Abend ausgehen. Das ist natürlich eine enorme Vertrauensfrage – aber das ist die Auswahl eines Babysitters, den Sie mit Ihren Kindern allein lassen, immer.

die Nacht im Hotel etwas aufwendiger vorbereiten – es sei denn, Sie können sehr offen mit den möglichen Betreuungspersonen der Kinder über Ihre Bedürfnisse reden. Wenn nicht, funktioniert der Aufhänger »Hochzeitstag« erfahrungsgemäß gut, um die Kinder mal für eine ganze Nacht bei den Großeltern zu deponieren. Ansonsten ist jede Notlüge erlaubt. Behaupten Sie einfach, Sie haben sich Karten für eine Übernachtung in einem besonderen Hotel ein paar hundert Kilometer weiter weg geschenkt. Kehren Sie stattdessen in einem Hotel in der Nähe ein und investieren Sie das Geld, das Sie sonst für Musicalkarten oder Benzin ausgegeben hätten, in die Qualität des Hotels, vielleicht auch für Roomservice etc.

Sind Sie mit Ihrem Partner ohne Kind zusammen, widerstehen Sie der Versuchung, alle paar Minuten auf Ihr Handy zu gucken. Und über Kinder zu sprechen ist tabu, auch wenn es um süße Anekdoten geht!

Fitmacher Tiefschlaf

Das Allerwichtigste, das Sie tun können, um Trotzanfällen Ihres Kindes entspannter zu begegnen, ist, acht bis neun Stunden pro Nacht in einem dunklen Zimmer zu schlafen. Wer nachts viel und gut schläft, hat seinem trotzenden Kind unendlich mehr Kraftreserven entgegenzusetzen. Das hilft ungemein, gelassen die Trotzanfälle auszusitzen und dann wieder zur konstruktiven Erziehung überzugehen.

Als netter Nebeneffekt wird man davon auch noch hübscher, da ausreichend Schlaf den Cortisol-Spiegel und das Wachstumshormon positiv beeinflusst.

Gut (ein)schlafen für Mama und Papa

Hier ein paar Tipps zum Ausprobieren:

- Meditation: Machen Sie abends einen Tagesrückblick. Nicht steuern, sondern alles einfach fließen lassen. Jeden Gedanken vorbeiziehen lassen und bei keinem verweilen. Stattdessen oder im Anschluss sich auf den Atem konzentrieren. Uns hilft die Nadi Shodana-Atmung aus dem Yoga, bei der man abwechselnd durch ein Nasenloch ein- und durch das andere ausatmet. Da merken Sie sofort, wenn die Gedanken streunen gehen – Sie kommen aus dem Rhythmus. Klingt seltsam, aber funktioniert exzellent, um den Kopf freizublasen – hilft übrigens auch toll bei beginnender Erkältung ... (kurze Anleitung auf www.land-der-abenteuer. de / nadi-shodana-atemuebung).
- »Lavendelbrille« für die Augen.
- Kuscheltiere mit Kräuterherz, mit schlaffördernden Kräutern gefüllt (siehe auch »Wellness zum Basteln oder Kaufen«, Seite 124).
- Bachblüten, die schlaffördernd wirken.
- Kein Alkohol am Abend. Wein hilft beim Einschlafen, aber es macht die Situation im Endeffekt schlimmer, da Alkohol das Ausschütten des Wachstumshormons bremst, das im Schlaf unsere Körper repariert. Eltern sollten auch in der Lage sein, nachts ad hoc ein Kind zum Arzt fahren zu können.
- Schlafzimmer wenn möglich auf 19 bis 21 Grad temperieren; auch niedrigere Temperaturen sind okay.
- Ist das zu kalt, mal ausprobieren, mit Socken zu schlafen (das empfiehlt zum Beispiel die Schlafklinik Großhansdorf besonders Frauen). Ja, klingt unsexy, aber da ausreichend Schlaf positiv auf die Libido wirkt, wird Ihr Partner es mittelfristig verzeihen können.
- Hilfsmittel testen, wie beispielsweise ein »Nightwave Pulse Light«.
- Nichts Spannendes lesen / im TV schauen in der letzten Stunde vor dem Einschlafen.

- Bettseite mit dem Partner tauschen. Vielleicht fühlen Sie sich zum Beispiel auf dem Platz weiter weg von der Tür nicht mehr sofort »zuständig« und halten nicht konstant ein Ohr offen fürs Kind.
- Tipp für die abendlichen Chatter, Computerarbeiter, YouTube-Browsenden: das Gratis-Programm F. Lux installieren. Es passt die Monitorhelligkeit und das Farbschema der Tageszeit an, abhängig vom Sonnenauf- und -untergang. Denn Studien haben gezeigt, dass künstliche Beleuchtung am Abend lange wachhält.
- Stress kann Ihre Schlafmuster stören, da er den Cortisolspiegel anhebt. Deshalb kann Sport – weil er Cortisol abbaut – ein gutes Mittel gegen Schlafstörungen sein

(mehr Infos: siehe www.land-der-abenteuer.de / mama-im-tiefschlaf).

Abraten müssen wir von Schlaftabletten und Baldrianpräparaten. Schlaf ist wichtig, keine Frage, aber es kann genauso wichtig sein, mitten in der Nacht aufzuwachen und sofort fit zu sein. Kinder können sehr schnell sehr hoch fiebern, da müssen Sie fix Entscheidungen treffen oder gar zum Arzt fahren können (bei Fieberkrämpfen). Sind Sie durch Medizin beduselt, treffen Sie vielleicht die falschen Entscheidungen oder wachen noch nicht einmal auf, wenn das Kind sich meldet.

Gut aufstehen für Mama und Papa

Investieren Sie früh in einen Wecker, der Ihrem Kind optisch vermittelt: »Jetzt ist noch Schlafenszeit«. Es ist nicht vorgeschoben, wenn Ihr Kind behauptet, nicht zu wissen, ob man nun schon aufstehen dürfe oder nicht. Das ist selbst Kindern mit vier, die die ganzen Stunden an der Uhr ablesen können, beim Aufwachen nicht klar!

Geben Sie Ihrem Kind daher eine Hilfestellung. Natürlich kann es nachts immer zu Ihnen kommen, wenn es sich nicht gut fühlt – aber es sollte wissen, dass, bevor der Wecker klingelt bzw. »Tag« anzeigt, eigentlich noch alle schlafen.

Seien Sie aber auch nicht unfair: Je nachdem, wie früh Sie Ihr Kind ins Bett stecken, ist es um sechs Uhr tatsächlich ausgeschlafen. Lösung: Entweder es spielt am Wochenende allein in seinem Zimmer (ab ca. drei Jahren eventuell möglich) oder es krabbelt zu Ihnen ins Bett. Wollen Sie es nicht um sechs Uhr auf der Matte stehen haben, müssen Sie Ihr Kind an eine spätere Schlafenszeit gewöhnen. Mit einem Schlafprotokoll können Sie Ihrem eigenen und dem Schlafbedarf Ihres Kindes auf die Spur kommen.

Wehret den Frühaufstehern: Pro Wochenendtag kann ein Elternteil dran sein, sich den um sechs Uhr quietschmunteren Kindern so zu widmen, dass der andere Elternteil ausschlafen kann. Vielleicht ist Mama / Papa so nett, dem Frühaufsteher im Gegenzug ein Mittagsschläfchen zu ermöglichen. Am nächsten Tag wird dann gewechselt.

Wellness zum Basteln oder Kaufen

Unser Geruchssinn ist einer der ältesten Sinne und ganz trickreich: Die Informationen der Sinneszellen der Nase gehen ungefiltert ins limbische System, das für unsere Gefühle zuständig ist. Gerüche werden dann Bildern und Stimmungen zugeordnet. Aber auch unsere Haut ist sehr aufnahmefähig: Tropft man ein paar Tropfen Lavendelöl in seine Strümpfe, kann man kurze Zeit später die Substanz im Blut nachweisen.

Nutzen Sie die Kräfte der Natur für sich – es muss nichts Aufwendiges oder Exotisches sein. Schon ein kleines Dufterlebnis am Tag kann Wunder für Stimmung und Ausgeglichenheit wirken.

Ätherische Öle

Sicher haben viele von Ihnen in der Schwangerschaft ätherische Öle und Aromamischungen benutzt. Das muss nach der Geburt nicht aufhören, obwohl die meisten ätherischen Öle für Kinder ungeeignet sind.

Erlaubt ist, was gefällt. Tauschen Sie bei unseren Vorschlägen ein Öl, das Sie nicht so gut riechen mögen, gegen ein anderes aus. Sie können auch die Mischungsverhältnisse ändern. Seien Sie aber vorsichtig: Nicht zu viel ätherisches Öl in die Mischung geben! Verändern Sie nur die Verhältnisse (zum Beispiel: Statt je zehn Tropfen eines Öls nehmen Sie fünf von dem einen und 15 von dem anderen Öl. Die Gesamtmenge sind weiterhin 20 Tropfen.). Ätherisches Öl ist ganz schön teuer, erlauben Sie sich trotzdem jeden Tag vielfältige Geruchserlebnisse, das tut Ihrer Seele gut. Ein Fläschchen hält dafür auch lange vor.

Die Basis: Fette Öle

Wählen Sie als Trägeröl eines, bei dem Ihnen Duft, Konsistenz und Preis zusagen. Am neutralsten ist süßes Mandelöl. Geeignet sind aber auch Nachtkerzenöl, Olivenöl, Weizenkeimöl.

Auf vielen ätherischen Ölen sehen Sie ein »X«. Das bedeutet »toxisch«. Also Vorsicht: Ätherische Öle darf man nur in Verdünnungen anwenden. Nie direkt unverdünnt auf die Haut geben, und schon gar nicht auf die Schleimhäute! Bewahren Sie daher ätherische Öle immer außer Reichweite der Kinder auf! Es gibt einige für Kinder geeignete Öle (etwa Vanille und rote Mandarine), die man aber besser auf ein Tüchlein tropft und an einem geeigneten Ort platziert (nicht zu nah am Kopf des Kindes). Duftlampen sind im Kinderzimmer nicht geeignet.

Duftöl: Kopf hoch

Für ein Zehn-Milliliter-Fläschchen: als Grundlage fettes Öl, je 5 Tropfen Limette, Orange, Rosmarin und Sandelholz.

Das Öl kann man auf den Bauch, in den Ausschnitt oder die Handgelenk-Innenseiten auftragen. Rosmarin hilft besonders gut bei niedrigem Blutdruck und schlechter Stimmung.

Massageöl: Ich hab dich lieb

Für eine 100-Milliliter-Flasche: als Grundlage 70 ml fettes Öl, 30 Tropfen Lavendel, 30 Tropfen Mandarine rot, 10 Tropfen Melisse, dies auffüllen mit Johanniskrautöl (Rotöl).

Mit dieser Mischung kann man sein Kind nach einem Trotz-/Wut-Anfall massieren, wenn es das möchte. Auf eine Fußmassage kann man sich meist einigen und auch die kann eine entspannte Gelegenheit für ein Gespräch bieten. Lavendel erdet alle Gefühle und die Mandarine macht glücklich. Johanniskraut ist ein großer Heiler für alle Verletzungen, auch für die seelischen. Durch die Massage haben beide etwas davon: das Kind – und Mama oder Papa über die Hände.

Duft- und Massagekerze

Wer nicht basteln, sondern shoppen möchte: Schöne Massagekerzen gibt es beispielsweise von JimmyJane und Lelo zu kaufen. Man lässt sie eine Weile brennen, bläst die Flamme aus und kann dann sofort das warme Öl zur Massage benutzen (siehe auch Seite 129). Aber auch der Duft ohne Massage tut richtig gut!

Allein die Namen der Duftrichtungen locken Ihre Gedanken sicher schon auf andere Fährten: Schneebirne und Zedernholz, Pink Lotus, Dark Vanilla, Vanille und Kakaocreme ...

Badezusatz: Alles wird gut

500 Gramm Totes Meer-Salz, ein Becher Sahne, je drei Tropfen Lavendel, Kamille

(römisch), Mandarine rot, Melisse, Rosengeranie, Sandelholz, Zeder.

Die ätherischen Öle der Hölzer geben Halt und Zuversicht.

Balsam: Ich bin stark!

Mischen Sie zu gleichen Teilen: Tonkabohne, Iris, Jasmin, Zitronenverbene (wird auch als »Eisenkraut« verkauft), Melisse, Orange und Vanille.

Geben Sie von dieser Mischung fünf Tropfen in eine geruchsneutrale Creme und tragen Sie sie an den Armen, dem Bauch usw. auf, überall dort, wo der Duft zu Ihrer Nase aufsteigen kann. Die Geruchsmischung ist auch toll in der Duftlampe oder mit einem Becher Sahne in der Wanne. Gut gegen Burn-out, schlechte Träume und das Gefühl, alles allein stemmen zu müssen.

Körperöl: Heute hab ich viel vor

In 100 ml fette Öl-Grundlage je fünf Tropfen Melisse, Muskatellersalbei, Myrte, Bergamotte und Zeder geben.

Morgens gleich nach dem Duschen anwenden, wenn die Haut noch leicht feucht ist.

Für die Duftlampe: Ich will hier raus!

Mischen Sie zu gleichen Teilen die ätherischen Öle von Douglasfichte, Salbei, Latschenkiefer, Pinie und Zeder.

Sparsam dosiert erfrischt diese Ölmischung in der Duftlampe wie ein Waldspaziergang.

Duftkissen

Ein kleines Kissen, in das Lavendel eingenäht ist, kann man nicht nur im Kleiderschrank gebrauchen, es tut auch im Bett Wunder. Sie können auch zusätzlich zum Lavendel oder stattdessen mit Füllungen aus Rosenblüten, Zitronenverbene, Nelken, Zimt, Orangenschalen oder anderem experimentieren.

Durch die Wärme im Bett werden die Düfte jede Nacht intensiviert. Und wenn es nicht mehr duftet, einfach die Füllung austauschen oder mit einer Mischung Ihrer Wahl auffrischen (alle oben genannten Öl-Mischungen kann man in der Duftlampe, im Potpourri oder Duftkissen nutzen).

Über Bastel-Plattformen wie DaWanda oder Etsy (siehe Anhang) können Sie auch schöne Duftkissen zur Entspannung und zum Einschlafen fertig kaufen; für Kinder auch als Schmusepuppe mit Kräuterherz.

Für alles ist ein Kraut gewachsen!

Kräuter sind einfacher und preiswerter in Anschaffung und Verwendung als ätherische Öle. Jede Apotheke besorgt Ihnen jedes auch noch so exotische Kraut in Arzneimittelqualität. Und sich einen Tee zu machen ist ja ein wunderbares »Auszeit-Ritual«! Es dauert eben, bis er gezogen hat, bis man ihn trinken kann, und so lange braucht Mama Ruhe …

Es gibt gute Teemischungen auch zu kaufen – jeder gutsortierte Supermarkt bietet sie inzwischen regalweise an und im Reformhaus oder Bioladen finden Sie sie auch in besserer Qualität. Probieren Sie sich durch!

Tees für gute Nerven

Bei »Nerven« liegt der Griff zu Baldrian nahe. Verwenden Sie lieber Melisse oder Johanniskraut. Denn Baldrian schmeckt zum einen gewöhnungsbedürftig; zum anderen sollten Sie Baldrian über längere Zeit nur nach Rücksprache mit Ihrem Arzt oder Heilpraktiker einnehmen. Dann auch eher als Tabletten, in Kombination mit Hopfen und Passionsblume.

Melisse macht hingegen schon beim Dranriechen glücklich. Bestellen Sie ruhig etwas mehr beim Apotheker (100 Gramm sind allerdings eine Menge Volumen!). Sie können die Melisse auch in einem Baumwollsäckchen ins Badewasser hängen.

Johanniskrauttee wirkt erst bei regelmäßigem Genuss – er schmeckt aber recht fad. Falls Sie ihn genießen wollen, werten Sie den Geschmack ruhig mit anderen Kräutern auf, mit Melisse, Zitronenverbene, sogar Hagebutte, wenn Sie mögen.

Reinigen Sie doch mal Luft und Energien mit Kräutern. Eine kleine Anleitung finden Sie auf www.land-der-abenteuer.de/space-clearing-raeuchern.

Autogenes Training und Meditation

Autogenes Training ist eine Möglichkeit, sich selbst zu entspannen bzw. die Grundspannung des Körpers zu verringern (»autogen« aus dem Griechischen bedeutet »selbst hervorgerufen«). Beim Autogenen Training konzentriert man sich auf autosuggestive Formeln wie: »Meine Arme sind warm und schwer«, bis sich der Körper deutlich entspannt. Regelmäßige, gezielte Entspannung wie beim Autogenen Training soll helfen, psychische Anspannungen zu lösen, und damit letztlich auch körperliche Beschwerden lindern.

Autogenes Training wurde in den 1920er-Jahren vom Berliner Psychiater Johannes Heinrich Schultz entwickelt, basierend auf Erfahrungen mit Hypnose. Nur dass man in diesem Fall sozusagen sich selbst hypnotisiert, durch bestimmte Text-Formeln, die man entweder selbst spricht oder sich beispielsweise von einer CD oder einem anderen Menschen vorlesen lässt.

Die kürzeren Übungen sind drei oder fünf Minuten lang – sie lassen sich also selbst mit einem vollgefüllten Alltag vereinbaren. Geführte Meditationen oder Autogenes Training sind eine gute Möglichkeit, die Vorteile von Entspannungsmethoden zu genießen, ohne dass es einer großen Überwindung, Know-how oder Vorbereitung bedarf. Einfach Kopfhörer auf, CD einlegen, Augen schließen. Durch die körperliche Entspannung kommen auch die Gedanken zur Ruhe.

Autogenes Training für Eltern

Zwei Fliegen mit einer Klappe können Sie schlagen, wenn Sie CDs mit Autogenem Training oder entspannenden Meditationen für Kinder kaufen. Das Prinzip ist dasselbe, ob für Kinder oder für Erwachsene; daher können Sie selbst mit der CD entspannen, aber auch zusammen mit Ihrem Kind. Oder Sie verwenden die CD, um Ihr Kind sanfter ans Einschlafen heranzuführen (siehe »Zickenfreie Abendrituale«, Seite 79). Da die Anleitungen für Kinder meist in Geschichten verpackt sind, lohnt sich ein Probehören – die Stile unterscheiden sich sehr stark. Hören Sie auch in die CDs vor dem Kauf hinein, um festzustellen, ob Ihnen die Stimme der Sprecherin / des Sprechers behagt!

Ein paar Ideen zur weiteren Inspiration:

Als Audio-CDs gibt es gesungene Mantra-Meditationen – zum Mitsingen. Wie das klingen kann, können Sie bei den Love Keys hören. Auf YouTube nach »Sharanagata« im Kanal »thelovekeys« suchen. Auch Konzerte der Love Keys können wir sehr empfehlen – wunderbar entspannend und der ganze Körper löst sich beim Mitsingen der Mantras.

Wunderschön geführte Traumreisen (in Englisch) finden sich bei Leonie Dawson, etwa als Einschlafhilfe (»Divine Dreaming Meditation«). Die Meditationen kosten um die 50 Dollar für eine MP3-Datei und Zusatzmaterial.

Gratis Autogenes Training und Yoga-Tiefenentspannung gibt es unter http:// mein. yoga-vidya.de / profile / Entspannungmp3s-VideosundvieleInfos.

Bei Amazon nach »Autogenes Training MP3« suchen. Viele der Angebote kosten weniger als einen Euro. Vor dem Kauf unbedingt Probehören!

Geschmackssache

Suchen Sie so lange, bis Sie einen Sprecher und eine Meditation / ein Autogenes Training gefunden haben, die Sie aus vollem Herzen mögen. Sonst ist »Ich muss mich jetzt endlich mal regelmäßig entspannen!« nur ein weiterer Punkt auf Ihrer schon viel zu langen Liste. Stimmen-Präferenz ist etwas ganz Individuelles – haken Sie leichten Herzens alles ab, was Sie nicht so richtig anspricht.

Die Seele streicheln lassen

Lassen Sie bei einer Massage Körper und Seele doch mal gleichzeitig entspannen – die Verspannungen im Körper lösen sich durch die Massage und der Geist wird frei durch die Ruhe und die immer gleichen Bewegungen der gleitenden Hände.

Körper und Geist sind eng verbunden

Der Erfolg des Autogenen Trainings beruht auf der Prämisse, dass Psyche und Körper sich gegenseitig beeinflussen – wird der Körper ganz warm und ruhig (wie beim Autogenen Training), können auch die Gedanken zur Ruhe kommen; umgekehrt wirkt ein gestresstes Gedankenkarussell im Kopf verspannend auf den Körper. Im Positiven wie im Negativen schaukeln diese Prozesse sich also gegenseitig hoch. Sie werden das kennen: Spannungskopfschmerzen oder Rückenschmerzen treten gern aus dem »Nichts« auf, wenn es gerade extrem stressig war oder noch ist. Dann tut Ihnen etwas weh und alles Mögliche stresst Sie deshalb noch mehr ...

Tun Sie bewusst etwas für Ihre körperliche Entspannung – und zwar ganz gezielt in den Bereichen, die sich bei Stress gern als Erste melden, nämlich Rücken, Schultern und Nacken.

Schon 30 Minuten professionelle Massage bringen wirklich viel – und ein positiver Nebeneffekt ist, dass Sie die 30 Minuten als Meditation nutzen können. Schließen Sie einfach die Augen. Ein Abendtermin ist ideal – es herrscht weniger oder kein Trubel in der Praxis und Ihre Kinder sind im Bett, Sie müssen also nicht gedanklich auf dem Sprung nach Hause sein.

Entspannungsmassage oder Physiotherapie

Professionelle Massagen sind allerdings teuer – wenn es bei Ihrer Versicherung möglich ist, können Sie sich zum Beispiel vom Hausarzt oder Orthopäden Krankengymnastik verschreiben lassen. Krankengymnastik geht richtig tief an die Verspannungen heran, ist also nicht so angenehm wie eine Entspannungsmassage. Dafür gehen Sie aber gefühlt einige Zentimeter größer wieder aus der Praxis und sind für ein paar Tage oder eine Woche alle Verspannungen los.

Darf's etwas exotischer sein?

Interessant ist auch Reiki. Dabei leitet der Behandelnde mit Kraft seiner Hände heilende und entspannende Energieströme in Ihren Körper. Manche machen das, ohne Sie zu berühren. Schöner ist es, wenn der Reiki-Praktizierende ganz warme Hände auf Ihr Gesicht, Ihre Arme, auf schmerzende, verspannte Stellen legt (Sie sind dabei voll bekleidet). Wünschen Sie sich vom Reiki-Behandelnden eine Stunde Ganzkörperbehandlung in völliger Stille. Gerade Müttern tut es gut, sich derart lange mal selbst »denken« zu hören bzw. nichts zu hören. Die Kosten von ca. 30 bis 50 Euro pro Stunde tragen allerdings viele Krankenversicherungen nicht.

Home Spa

Eine Freundin oder Ihr Partner können Ihnen zu Hause auch mit »Reiki« oder Massage guttun. So fühlen sich Hotstone-Anwendungen richtig luxuriös an und lassen sich im Nu realisieren mit einem Satz Keramikmassagesteine und angewärmtem Öl (siehe Anhang). Reiki: Die (warmen!) Hände sanft auf Ihr Gesicht legen, sodass es ganz bedeckt ist, oder auf Ihren (bekleideten) Körper und Ihnen dabei in Gedanken Entspannung und Gesundheit senden – das kann auch jemand, der nicht in Reiki geschult ist.

Yoga für Eltern

Ja, das weiß doch jeder, dass Yoga entspannend ist. Aber jede Woche sollen Sie sich um einen Babysitter kümmern, nur um dann nach einem langen Tag mit nervtötenden Auseinandersetzungen quer durch die Stadt zu gondeln und »Ooooom« zu brummen?! Kein Wunder, dass das wenigen reizvoll erscheint. »Das kann ich ja mal ausprobieren, wenn die Kinder älter sind ...« Tun Sie sich den Gefallen und probieren Sie es jetzt aus: Gerade in der Trotzphase Ihres Kindes kann Yoga ein exzellenter Ausgleich sein.

Um diesen Ausgleich zu finden und die Motivation zu erhöhen, damit Sie auch tatsächlich am Ball bleiben, wählen Sie besser *nicht* eine Yogaform, die meditativ ist! Buchen Sie keinen Entspannungskurs, sondern etwas Dynamisches wie Ashtanga-Yoga; da macht auch der »Papa« lieber mit (Tipp: nach »Welcher Yoga-Stil steht mir?« auf www.yogaservice.de suchen). Scheuen Sie sich nicht, Probestunden in verschiedenen Yoga-Stilen und -Studios mitzumachen, bis Sie etwas finden, wo die Mischung für Sie genau richtig ist.

Positiver Nebeneffekt eines Kurses, den Sie gemeinsam mit Ihrem Partner besuchen: Sie können die An- und Rückfahrt zu Gesprächen nutzen (bitte nicht über das Kind) und erleben sich im Kurs-Umfeld mal gar nicht als Eltern, sondern als Mann und Frau und Paar.

Ein Vorteil gerade für Stressgeplagte: Die dynamischen Yogaformen bieten so etwas wie »Meditation in Bewegung«. Man muss sich derart auf die Übungen konzentrieren, dass der Kopf von alleine leer wird.

Diese positive Wirkung entfalten die Übungen, Asanas genannt, übrigens völlig unabhängig davon, ob man sie im stylishen Studio oder neben der Playmobil-Ritterburg ausführt. Bücher wie »Yoga für dich und überall« (Ursula Karven), iPod/iPhone Apps wie »Yoga2go« (Kauf-App) oder »Yogamour« (gratis) zeigen, wie leicht sich Asanas auch in einen hektischen Alltag einbauen lassen. Da brauchen Sie keine Stunde pro Woche Zeit, sondern müssen zum Beispiel nur beim Zähneputzen daran denken, den »Baum« auszuführen, oder den »Tänzer«, während das Essen brutzelt.

In einer Spielphase mit Ihrem Kind können Sie auch Familienyoga ausprobieren. So springen Kinder besonders gut auf Asanas mit Tiernamen an. Schön: der Frosch, die Schwalbe, das Krokodil, der Hund, der Löwe. Für etwas Fortgeschrittene: die Schildkröte. Bei Yoga im Kinderzimmer gilt: Ihr Kind darf mitmachen, wenn es will. Wenn nicht, dann nicht. Führen Sie die Position aus, die Sie mit einem Buch oder in einem Kurs gelernt haben. Erklären Sie, was dieses Asana zum Beispiel zur Schwalbe macht: »Guck mal, das sind meine Flügel, und hier

hebe ich hinten meine Beine als Schwänzchen hoch«. Alles Weitere macht Ihr Kind allein, so wie es mag und kann. Wenn es nicht mitmachen will, soll es sich in der Zeit allein beschäftigen. Sie machen auf jeden Fall die drei Positionen in aller Ruhe, die Sie sich für diesen Nachmittag vorgenommen haben. Das ist auch ein gutes Training in Konsequenz, für Mama wie Kind.

Wenn Sie das Glück haben, in einer experimentierfreudigen Stadt zu wohnen (in Berlin, zum Beispiel) gibt es auch noch ganz andere Yoga-Formen, die Eltern-Batterien wieder aufladen, zum Beispiel:

- »Candlelight-Yoga« oder »Moonlight-Yoga«: Yoga bei Kerzenlicht oder im Mondschein.
- Dynamisches Yoga (meist Jivamukti) zu Rockmusik. Noch peppiger: »Techno Yoga« oder »Yoga mit Turntables«, bei dem ein DJ live House oder Hiphop auflegt.
- Shiva Nata-Yoga: Basiert auf dem uralten Shiva-Tanz. Neu erfunden von Andrey Lappa als »Dance of Shiva«. Fördert Schnelligkeit, Reaktionsfähigkeit und die Koordination mehrerer Aufgaben, also genau richtig für Eltern.
- Kein Yoga, aber auch entspannend: Qi-

gong-Übungen für Einsteiger, mit Anleitung, finden Sie unter: www.baby-
und-familie.de / Entspannung / Kraft-
schoepfen-mit-Qigong-78319.html.

Malen

Ob Sie zeichnen können oder sich schon
von Strichmännchen künstlerisch überfordert fühlen, ist beim Malen, um die Seele
aufzutanken, ganz egal! Hier ist Malen Psychohygiene pur – vom positiven Effekt her
vergleichbar mit einer Meditation.

Sie können sich auf Tapetenresten, End-
los-Papier für Kinder oder beim »Actionpainting« ausleben – Hauptsache groß-
flächig und mit ausladenden Bewegungen
pinseln, mit den Händen die Farbe drauf-
klatschen und wüst bearbeiten. Lassen Sie
sich satte Acrylfarben in sexy Tönen zum
Geburtstag schenken, vielleicht auch Gold,
Silber, Bronze, damit Sie in Farben schwelgen können. Angst vor Flecken muss niemand haben; wenn Sie sich damit sicherer
fühlen, können Sie aus dem Malerbedarf
im Baumarkt einen Ganzkörper-Overall
besorgen für ein paar Euro. Und dann aber
los!

Manche finden auch das Ausmalen von
Mandalas richtig entspannend. Mandalas
gibt es in verschiedenen Schwierigkeits-
graden (als Malbuch zu kaufen oder zum
Ausdrucken im Internet) und auch zum
Selbstgestalten. Schöner Nebeneffekt: Die
Kinder können mitmachen.

Befreiende Kombination aus Text und Bild

Auch für die Arbeit mit eigenen Texten und
inneren Bildern müssen Sie nicht malen
oder zeichnen können! Frei inspiriert nach
einer Artjournal-Übung von Tamara La-
porte (Kurse und Tipps in Englisch über
www.willowinglove.blogspot.de bzw. www.
facebook.com / willowing): Negative Selbstaussagen oder andere negative Gefühle auf
die linke Seite eines gefalteten DIN-A3-
Blattes kritzeln. Am besten ein Papier verwenden, das schwerer als 100 Gramm ist,
und mit Bleistift mit leichtem Druck schreiben. So viele Gedanken notieren, bis Sie
sich leergeschrieben fühlen. Dann drüber-
lesen und spontan zwei bis drei positive
Sätze finden, die diesen negativen Aussagen entgegenstehen. Diese Sätze auf einem
separaten Zettel notieren und alles Negative bis zur Unkenntlichkeit überpinseln.
Entweder gleich mit Farben (funktioniert
nur mit opaken, dickflüssigen Farben) oder
mit Gesso überdecken, trocknen lassen und
dann übermalen. Für all das muss man
nicht zeichnen können und man kann sich
gleich schon beim Malen abreagieren: feste
stempeln, rollen, kleckern … Übrigens auch
klasse fürs Frust-Wegkneten: Modellier-
masse mit Förmchen verwenden. (Tipps
für Materialien und Beispielfotos finden
Sie auf www.land-der-abenteuer.de / seele-
befreien-malen.)

Und was ist mit den Kindern?

Kinderfreie Zeit ist fürs Malen natürlich schön, aber gar nicht nötig. Die ganz Kleinen schaffen neben der Mama sitzend auf dem Boden. Die Älteren werden unbedingt Mamas Materialien benutzen wollen. Das ist manchmal nervig, aber dafür haben sie auch eine längere Konzentrationsspanne.

Das Ziel ist in dem Moment nicht, Ihr Kind anzuleiten und etwas kindgerechtes zu tun. Sondern Sie malen, um sich selbst etwas Gutes zu tun – und Ihr Kind ist an Ihrer Seite!

Normalerweise gibt es bei jedem Kreativmaterial die Möglichkeit, eine ungiftige Kindervariante zu finden, mit der Sie beide arbeiten können. Bringen Sie Ihrem Kind bei, dass dies »Erwachsenen«-Malmaterial ist und dementsprechend behandelt werden muss.

Super für das Malen mit Kindern: Stempel aller Arten. Am besten Silikonstempel, denn die nehmen in der Lagerung nicht viel Platz weg. Man kann einen dicken Ordner mit Stempeln anlegen, durch den sich das Kind durchstempeln kann. Kombiniert mit wasservermalbaren Buntstiften und Wachsstiften hält das kleine Künstler in Atem. »Mama« nutzt dasselbe Material, aber wendet zum Beispiel die Technik an, die wir oben beschrieben haben. Das fällt einem Kind nicht als »Mal-Therapie« auf und gibt ihm kreative Impulse.

Schreibend zur Ruhe kommen

Schon zehn Minuten am Tag Schreiben hilft, die Seele freizupusten und neue Kraft zu schöpfen.

Entscheidend ist:

- regelmäßig zu schreiben (es kann ruhig kurz sein),
- ehrlich zu schreiben, sich nicht zu zensieren,
- alle Gefühle und Gedanken zuzulassen.

Ganz wichtig ist, den »Zensor« im Kopf abzustellen. Was Sie schreiben, ist nur für Ihre Augen – es muss nicht stilistisch schön, fehlerfrei und noch nicht einmal verständlich sein. Aus Studien zum Therapeutischen Schreiben weiß man, dass sich positive Effekte auf Psyche und Körper (!) durch das Schreiben auch dann einstellen, wenn die Teilnehmer der Studien mit unsichtbarer Tinte schrieben oder das Geschriebene gleich vernichteten!

»Ehrlich« zu schreiben, ist auch eine Frage der Zeit: Je regelmäßiger und unzensierter Sie schreiben, umso eher und schneller purzeln wahre Gefühle und Gedankengänge auf die Seite. Da bringen zehn Minuten am Tag schon ungemein viel.

Eiserne Regel beim Wellness-Schreiben: Nach 30 Minuten wird der Stift weggelegt. Hatten Sie noch etwas zu sagen, notieren Sie sich kurz Stichworte und legen die Kladde dann weg!

Seelenschreiben

Janet Connor hat, basierend auf den »Morgenseiten« von Julia Cameron (siehe rechts), ein spannendes Konzept entwickelt, das sie »Seelenschreiben« getauft hat. In ihrem Buch »Writing down your Soul« (Conari Press) erklärt sie jeden Aspekt der Technik und bietet viele Schreibanstöße. Mit kleinem Kind und hektischem Alltag empfehlen wir Ihnen, folgende Kurzversion auszuprobieren:

Man setzt sich vier Wochen lang täglich mit einem Lieblingsstift und einer Kladde hin. Als Erstes kommt das Datum auf die Seite, dann eine Anrede – es soll sich mehr anfühlen wie der Brief an einen Ratgeber als ein Tagebucheintrag. Im Englischen schlägt Connor »Dear God«, »Dear Friend«, »Dear Voice« (für die innere Stimme) vor. Suchen Sie sich etwas / jemanden aus, das / der für Sie Weisheit und Güte symbolisiert.

Schreiben Sie unzensiert, so schnell Sie können, mindestens zehn Minuten lang und höchstens 30 Minuten.

Schließen Sie dann mit einer Abschiedsformel wie »Herzlichst, Deine ...«. Der Text ist besonders effektiv, wenn Sie viele Fragen stellen. Grübeln Sie nicht darüber nach, woher diese Fragen gerade kommen, ob das momentan überhaupt relevant ist – schreiben Sie sie einfach hin und notieren Sie alles drumherum, was Ihnen spontan in den Sinn kommt. Der »Witz« beim Seelenschreiben ist, dass Ihre »Seele«, Ihre innere Weisheit, Ihre Fragen beantworten wird, wenn Sie dafür offen sind. Nach ein paar Tagen oder Wochen des Schreibens fließen plötzlich Antworten und Vorschläge aus unseren Stiften: »Warum machst du nicht ...?« oder »Das ist doch nicht das eigentliche Problem. Das Problem ist doch, dass ...« Manchmal sind die Antworten unserer inneren Stimme etwas, das wir nicht gern hören wollen – immer ist es aber hilfreich, gerade auch die etwas unangenehmen Hinweise auf Aspekte, die wir gern unter den Teppich kehren.

Morgenseiten

Julia Cameron hat die Morgenseiten ursprünglich für Künstler entwickelt, die mit Blockierungen zu kämpfen hatten. Inzwischen weiß man aber, wie gut die Morgenseiten jedem tun, für den es keine Überwindung ist, einen Stift in die Hand zu nehmen. Camerons Vorgabe: Man schreibt jeden Morgen, gleich nach dem Aufwachen, mit einem Stift in eine DIN-A4-Kladde vier Seiten. Das ist erfahrungsgemäß gerade genug Platz, um nicht bei den ersten Gedanken stehen zu bleiben, sondern (vielleicht zögernd) in die Tiefe zu sondieren. Vier Seiten klingt vielleicht viel, aber es dauert maximal 30 Minuten, eher deutlich weniger – sofern Sie sich nicht zensieren und nicht anhalten, um über Wortwahl oder Schreibweisen zu grübeln! Was Sie schreiben, ist nur für Ihre eigenen Augen bestimmt und muss auch nie wieder gelesen werden (können) – werfen Sie Ihre Gedanken ungefiltert aufs Papier, auch wenn ein einziges Gekrakel dabei herauskommt.

Für Eltern kann es praktikabler sein, »Abendseiten« statt Morgenseiten zu schreiben – zum Beispiel im Bus auf dem Weg von der Arbeit nach Hause oder wenn die Kinder im Bett sind. Das fungiert gleichzeitig auch als Meditation, um Ihren Kopf frei vom Tag zu spülen.

Brauchen Sie einen Anstupser für den Einstieg? Auf www.land-der-abenteuer.de / schreib-anregungen geben wir Beispiele.

Nur schreiben oder auch lesen?

Sowohl fürs Seelenschreiben als auch für die Morgen- bzw. Abendseiten gilt: Frühestens nach drei Wochen dürfen Sie Ihre eigenen Notizen lesen. Besser wäre es aber, Sie unterließen es momentan, denn das Lesen zieht Sie in die geschilderte Situation zurück, während das Schreiben entlastet und entspannt.

Fällt Ihnen beim Seelenschreiben etwas Hilfreiches ein, markieren Sie es kurz – so können Sie sich nach ein paar Wochen gezielt die Erkenntnisse aus Ihren Texten herausziehen, ohne dass die vielleicht negativen Schilderungen drumherum Sie herunterziehen können.

»Das lass ich ganz bei dir«

Ungeheuer schwer, aber ungeheuer wichtig: Das, was andere sagen oder tun, erst mal ganz bei ihnen zu lassen.

Das Gegenteil kann man sich leicht vorstellen: sich jeden Schuh anziehen. Sie haben große Pläne fürs Wochenende geschmiedet, wollen mit Ihren Kindern einen Kletterausflug machen. Nachbarn und Ihre Eltern sagen: »Was?! Klettern gehen? Bist du dafür fit genug?!«

Je nachdem, wie es um Ihre Selbstsicherheit und Fitness bestellt ist, vermiest Ihnen ein einziger derartiger Kommentar schon den Ausflug oder nimmt Ihnen zumindest die Vorfreude. Dabei haben solche Aussagen sehr oft mehr mit dem Sprecher als mit dem Adressaten zu tun. Jemand könnte Ihnen so etwas sagen,

- weil er / sie selbst Angst hätte, sich zu blamieren,
- weil er / sie Angst davor hat, dass Sie sich verletzen könnten,
- weil er / sie (unbewusst) neidisch ist, dass Sie sich so etwas zutrauen,
- weil er / sie unbewusst Angst davor hat, dass Sie sich neue Sachen trauen – Sie könnten sich verändern und das wiederum könnte die Beziehung beeinflussen.

Eine Kollegin oder Freundin fragt: »Du siehst ja fertig aus! Bist du krank?«, und schon verfliegt Ihr Lächeln, die Schultern sacken runter, Sie fühlen sich plötzlich alles andere als schön und gut drauf. Dabei hat sie es »doch nur gut gemeint«, hat Ihnen nur Anteilnahme gezeigt, wo Sie »offensichtlich nicht gut drauf sind«. Aber gerade bei Frauen spielt in solchen Situationen unterschwellig (und manchmal auch nicht so unterschwellig) ein Machtgefüge mit. Wer uns runterdrückt, erhöht sich selbst. Manche Menschen ziehen Kraft und Selbstbestätigung daraus, Menschen in ihrer Umgebung aufzuheitern und aufzubauen – andere ziehen Kraft aus genau dem Gegenteil! Das muss ihnen nicht bewusst sein. Aber Sie sollten es im Hinterkopf haben und nicht alles für objektives Feedback halten.

Sie sollten jeden »Input« erst einmal prüfen: Ist das Feedback für mich stimmig? Also: Fühlen Sie sich wirklich elend? Würden Sie sich vielleicht toll fühlen, wenn Sie nicht solche »wohlmeinenden« Kommentare« von Freundinnen gesteckt bekämen?

Ganz oft haben gute Ratschläge und Feedback von anderen weitaus mehr mit ihnen selbst zu tun (mit einem Problem, an dem der andere insgeheim noch knabbert oder sogar leidet) als mit dem Feedback-Empfänger. Wer das verinnerlicht, tut einen großen Schritt zur Entspannung!

Sätze, die uns im Handumdrehen zur Weißglut bringen, sind »Man tut das und das nicht« oder »Man macht x und y immer so«. Kinder so hinzubiegen, dass sie sich immer so verhalten, wie »man« das gut fände, ist so gut wie unmöglich! Gerade Zwei- und Dreijährige spiegeln Ihre geheimen Launen und Gefühle und leben ohne Scheu das aus, was Sie für die »Öffentlichkeit« verbergen. Außerdem leben Kinder die Manieren nach, die man zu Hause praktiziert. Ein paar Regeln für zu Hause, andere fürs öffentliche Leben? Das funktioniert nicht.

Wer sich an ganz viele gesellschaftliche Konventionen halten will und es hasst aufzufallen, der wird gerade mit Kindern in der Trotzphase eine Tortur durchmachen. Es ist für alle Beteiligten angenehmer, wenn ein Leben mit Kindern sich möglichst wenig an leeren oder auch nur von uns Eltern imaginierten gesellschaftlichen Konventionen orientiert. Dann prägen sich wichtige soziale Regeln den Kindern auch mit viel mehr Nachdruck ein! Regeln, hinter denen Sie wirklich stehen, können Sie auch viel besser begründen.

Das tut man nicht

Die wichtigste Grenze, die Sie Ihren Kindern setzen sollten, ist Ihre eigene Integrität, Ihr eigenes Wohlbefinden. Dann folgen die Konventionen und Regeln unserer Gesellschaft, an die die Kinder sich zu halten lernen müssen. Aber nur die Regeln, die Sie selbst auch sinnvoll finden!

»Ich habe die Erlaubnis«

Ein anderer Weg zu einem entspannteren Alltag trotz stressiger (Kinder-)Situationen ist, sich selbst explizit Erlaubnis zu erteilen. Explizit heißt: es niederschreiben und laut aussprechen und dabei die konkrete Situation benennen – je konkreter desto besser, auch wenn es sich erstmal idiotisch anhört und anfühlt.

Das ist besonders für Menschen wichtig, die es immer gern allen recht machen möchten und auf keine Zehen treten wollen! Auf ihnen häuft sich ganz oft ein Berg aus »Das muss ich für XX machen, das für XY, und das noch, und das. Und dann muss ich auch noch was für meine Figur tun, gesünder essen, endlich die Pullover für meine Kinder fertigstricken und die Weihnachtsdeko abhängen ...« Haben Sie sich erkannt? Sprechen Sie es laut aus:

- Ich gestatte mir, die Weihnachtsdeko so lange hängen zu lassen, bis sie mich stört, und wenn das an Ostern ist.
- Ich gestatte mir, heute Nachmittag die Füße hochzulegen und die Wäsche zu ignorieren.
- Ich gestatte mir, mich einen Dreck darum zu scheren, ob ich Neuigkeiten auf Facebook oder sonstwo verpasse.
- Ich gestatte mir, nicht dem momentanen Frauen-Ideal zu entsprechen und meine Figur so zu lieben, wie sie ist.
- Ich erteile mir die Erlaubnis, häufiger »nein« zu sagen und nicht jedem zu helfen, der danach fragt.

Gerade mit Kindern hat man schon genug Termine und Aufgaben, da muss man sich nicht auch noch weitere Verpflichtungen aufhalsen – besonders nicht die, die wir aus freiwilligem Gehorsam gegenüber irgendwelchen Erwartungen oder Konventionen erfüllen. In Ninas Büro hängt zur Erinnerung eine Karte von den Dark Dudes mit dem Text: »Ich kann nur zu einer Person am Tag nett sein. Heute ist nicht dein Tag und für morgen sieht es auch nicht besser aus.«

Dankbarkeit trainieren

Als wir die ersten paar Male von einem »Dankbarkeits-Tagebuch« und einem »Dankbarkeits-Training« hörten, rollten wir innerlich mit den Augen. Entweder man ist dankbar für schöne Momente im Leben – oder nicht. Oder?

Ein Artikel der klinischen Psychologin Laura Markham ließ uns aufhorchen. Vermutlich kennen Sie den »Setpoint« bei Diäten? Wer ein neues Gewicht erreicht, sollte exakt dieses Gewicht ein paar Monate halten, damit der Körper es als Normalzustand ansieht und versucht, immer wieder zu diesem Gewicht zurückzukehren – ohne dass Sie erneut etwas dafür tun müssen. Markham behauptet nun, wir hätten auch einen Glücks-Setpoint, den wir durch unsere Gedanken und Taten in die eine oder andere Richtung verschieben könnten. Wer sich in Dankbarkeit trainiere, der mache sich nicht nur das Leben schöner, sondern könne auch mit belastenden Situationen besser umgehen, zum Beispiel in der Trotzphase des Kindes. Klar, dass wir da ganz spitze Ohren bekamen und uns intensiver mit dem Thema »Dankbarkeit« beschäftigten.

Wie trainiert man den Glücks-Setpoint?

Die amerikanische National Science Foundation hat angeblich herausgefunden, dass wir im Durchschnitt 50 000 Gedanken am Tag haben, von denen 80 Prozent negative Gedanken sind und 90 Prozent Gedanken, über die wir schon zuvor nachgedacht haben. Im Klartext heißt das: Wir kreisen gedanklich viel zu oft um uns altbekanntes Negatives – kein Wunder, dass das runterzieht.

Es lohnt sich, dem etwas entgegenzusetzen – und es kostet nur einen winzigen Augenblick Ihrer Zeit, der aber laut psychologischer Studien in den USA einen Positiv-Kreislauf auslöst, also eine sich selbst verstärkende positive Resonanz. (Mehr zum Thema finden Sie zum Beispiel in einem Artikel der Huffington Post, www.huffingtonpost.com/2011/11/22/give-thanks-health-psyche-brain-emotion_n_1108590.html)

Sie können sich täglich drei Dinge / Personen / Momente ins Gedächtnis rufen, für die Sie heute, jetzt, wirklich dankbar sind. Das kann schriftlich geschehen (siehe unten) oder auch nur in Gedanken. Fällt Ihnen gar nichts ein, können Sie auch andere um Input bitten – zum Beispiel Ihre Kinder. Geben Sie diesem bewussten Aufzählen der drei Dinge / Personen einen festen Zeitpunkt in Ihrem Tagesablauf, damit Sie es nicht vergessen. Man kann das mit dem Kind zusammen im Abendritual machen: »Was war heute besonders schön, was hat Spaß gemacht?« (Achtung! Bitte wirklich nur die schönen Dinge besprechen! Nicht: »Das Picknick war toll, aber dass du mit dem Feuer gespielt hast, war nicht so toll.« Dann ist der positive Effekt dahin.) Laut Laura Markham zeigen Studien, dass allein schon diese kleine Angewohnheit uns innerhalb einer Woche fühlbar glücklicher macht und die positivere Grundstimmung so lange anhält, wie wir uns täglich drei Dinge ins Gedächtnis rufen.

Sie können ein Dankbarkeits-Tagebuch führen. Das kann eine Kladde sein oder ein für diesen Zweck verwendetes Büchlein. Schreiben Sie täglich die drei Dinge / Personen / Momente auf, die Sie glücklich machen oder für die Sie dankbar sind.

Schreiben Sie Dankeskarten, sagen Sie ausführlich »Dankeschön« – wenn Sie es wirklich meinen! Wissenschaftler, unter anderem Robert Emmons von der University of California und Autor von zwei Dankbarkeits-Büchern, sind überzeugt, dass die Dankbarkeit für Personen einen positiveren Effekt auf die Psyche und Gesundheit ihrer Klienten und Testpersonen hat, als die Dankbarkeit für Dinge und Momente. Und zwar besonders dann, wenn die Probanden in den Studien das tägliche Notieren im Tagebuch kombinierten mit dem Schreiben oder Sagen von individuellen Dankesworten.

Schön ist es auch, ein Familientagebuch in Stichworten zu führen mit dem Fokus auf positive Erlebnisse. Am besten mithilfe eines sogenannten »Jahresweisers«, der fünf, sieben oder neun Jahre im Überblick zeigt, mit wenig Platz pro Tag. Wir führen so ein Familientagebuch seit sechs Jahren. Für jeden Tag stehen nur drei bis vier Zeilen zur Verfügung – das hilft beim schnellen Eintrag. Anders als beim »freien« Tagebuch muss man nicht noch jedes Mal das Datum dazuschreiben und herumblättern, um zu sehen, was an diesem Datum vor drei Jahren passiert ist. Da wir nicht jeden Tag etwas hineinschreiben, bleibt Platz zum Einkleben von Kinderzeichnungen, Eintrittskarten … Es ist erstaunlich zu sehen, wie nah Unglück und Glück, Trauer und freudige Ereignisse aufeinander folgen: Von der unheilbaren Krankheit eines Elternteils zu erfahren – und zwei Jahre später zufällig am selben Termin die Taufe des Wunschkinds. Es bringt für uns die traurigen Ereignisse inzwischen mehr in Perspektive, wenn man diesen Übergang von Unglück zu Glück quasi schwarz auf weiß, in der eigenen Handschrift sieht.

Sie können das Glücklichsein mit Personen trainieren. Nehmen Sie sich jeden Tag ein paar Minuten, um sich ins Gedächtnis zu rufen, was Sie an einem Familienmitglied schätzen – nur für sich, in Gedanken, aber während Sie in der Nähe dieses Menschen sind. Setzen Sie sich neben Ihr Kind, während es spielt, und überlegen Sie sich, was an diesem Kind alles wunderbar und einzigartig ist. Wichtig: Werden Sie ganz konkret! Es ist natürlich schön, wenn Sie denken »Ich habe ein tolles Kind!«. In Trotz-Situationen reagieren Sie jedoch entspannter, wenn Sie sich konkretere positive Eigenschaften vorgestellt haben. Denn während eines Wutanfalls finden Sie Ihr Kind nicht mehr »toll«, aber die anderen positiven Eigenschaften gelten vermutlich weiterhin.

Ein ähnlicher Ansatz ist, das Glücklichsein mit Situationen zu trainieren. Finden Sie den einen positiven Aspekt der Situation, zum Beispiel der Trotz-Attacke beim Abholen aus dem Kindergarten, und konzentrieren Sie sich darauf: »Wenigstens kann er sich hier müde toben, ohne sich weh zu tun.«

»Wann fängt mein Leben wieder an?«

Hängen Sie nicht der Fantasie nach: »Wenn der Kleine / die Kleine erstmal aus dem Gröbsten raus ist, dann läuft hier alles auch anders. Dann mache ich wieder was für mich. Und dann haben wir als Paar auch mal wieder die Gelegenheit, ganz ohne Kinder-Unterbrechungen Zeit miteinander zu verbringen.« Wie lange wollen Sie noch gleich darauf warten, 16 Jahre?

Sie sind glücklichere, entspanntere Eltern, wenn Sie schon jetzt etwas nur für sich tun; ein Hobby oder eine Gewohnheit aufgreifen, die Sie vor der Geburt des Kindes gepflegt haben.

Wir propagieren nicht, dass Eltern auf Teufel komm raus ein erfülltes Nacht- und Sozialleben haben sollen und viermal die Woche zum Sport gehen. Aber es liegt ein himmelweiter Unterschied zwischen »etwas für sich tun« und »sein Ding auf Kosten des Kindes durchziehen«.

Wenn Sie sich immer mal wieder bei Gedanken ertappen wie: »Wann fängt mein Leben wieder an?«, »Immer dieses Gezank mit dem Kind, jeden Tag, das hört nie auf! Ich kann nicht mehr!«, dann holen Sie sich ganz fix Unterstützung (siehe »Gute Engel / Kinderflüsterer«, Seite 118) oder parken Ihr Kind bei einer Bekannten (siehe »Müttertausch«, Seite 119). Vereinbaren Sie gleich mehrere Termine in kurzer Folge – Sie können sich dann im Folgemonat revanchieren. Nutzen Sie diese kinderlosen Stunden zunächst, um Ruhe und Energie zu tanken. Und dann befragen Sie sich, am besten schriftlich: Was müsste passieren, damit Sie den momentanen Zustand schon als »Ihr Leben« verstehen? Also, was steckt hinter dem Gedanken »Wann fängt endlich mein Leben wieder an?«. Was fehlt Ihnen? Kinderlose Dates mit Ihrem Partner / Ihrer Partnerin? Vereinssport? Anerkennung und Geld, die Sie durch einen Job bekommen haben? Mußestunden für ein Hobby (oder zwei oder drei)? Erwachsenengespräche über ein anderes Thema als Kinder?

Oft sind es schon ganz kleine Dinge, die gefühlt einen Riesen-Unterschied machen. Zum Beispiel das wohlige Bad am Samstagnachmittag im sonnendurchfluteten Badezimmer (nachdem Ihr Göttergatte vorher alle Badewannentiere aus dem Sichtfeld entfernt hat und jetzt die Kinder außer Hörweite hütet).

Setzen Sie für jede Woche feste Termine, an denen Sie etwas für sich tun, und arbeiten Sie sich auf Ihrer Liste hinauf, von den einfach zu realisierenden Dingen zu den komplexeren, wie »wieder in den Beruf einsteigen« oder Ähnliches. Fragen Sie sich bei allem immer: Wie ist der einfachste Weg, um diesen Wunsch zu erfüllen? Oft stellt uns unsere innere Stimme ein Bein, indem sie uns zuflüstert, etwas müsste genau so und so sein, damit es uns erfüllt. Dabei setzt Ihre innere Stimme die Parameter so hoch an, dass es unerfüllbar wird, zumindest momentan (mehr dazu unter www.land-der-abenteuer.de / der-inneren-stimme-in-den-hintern-treten).

Die Jahre verfliegen …

Wenn wir erfüllte Eltern treffen, die glücklich mit ihrem Leben scheinen, hatten sie bisher immer drei Dinge gemeinsam:

- Ihnen ist sehr bewusst (zum Beispiel durch einen großen Altersabstand der Kinder, durch Patenkinder, die schon Teenies sind, etc.), wie schnell die ersten zehn Jahre im Leben eines Kindes vorbeifliegen.
- Sie haben jeder mindestens ein Hobby, das sie ohne Kinder regelmäßig betreiben.
- Sie unternehmen regelmäßig etwas nur als Paar.

Diese Mischung scheint ein gutes Gegenmittel für das typische Gefühl in der Trotzphase zu sein, dass das Gerangel mit Kind, die Schrei-Krämpfe … unabsehbar jahrelang unser Leben bestimmen werden. Wer dafür sorgt, dass jetzt auch schon etwas von »seinem Leben« stattfindet, und wer bedenkt, dass sich Kinder mit spätestens 13 Jahren von den Eltern loskoppeln, der erträgt die Trotzphase gelassener. Denn man hat immer im Blick, dass es zeitgleich zur Trotzphase Momente einzigartiger Nähe in der Eltern-Kind-Beziehung gibt. Versuchen Sie sich vorzustellen, wie sehr Sie es vermissen werden, die Hand Ihres Kindes beim Spazierengehen zu halten, die erste und weise Ansprechpartnerin zu sein, die begehrteste Spiel-Partnerin sowieso.

Warum ist alles so schwierig?

»War es früher einfacher?«, »Was war anders?«, »War meine Mutter auch so unsicher wie ich?« – Im gewissen Sinne war es früher tatsächlich einfacher. Wir müssen uns vor Augen halten, dass wir erst die zweite Generation nach der Pille sind. Unsere Großmütter kannten diese Freiheit noch nicht. Viele Frauen bekamen sehr viele Kinder.

Es war in den Familien normal, dass die älteren Kinder auf die Kleinen aufpassten. So erwarben sie sich ein Wissen und einen Erfahrungsschatz, den wir heute nicht mehr haben, wenn wir unser erstes Kind bekommen. Der Umgang mit Kindern war selbstverständlicher und nicht so verkrampft.

Wir sind die ersten Kinder von Eltern, die die Wahl hatten und sich oft für die klassischen zwei Kinder entschieden haben. Durch umfassende Impfungen ging kaum noch ein Kind früh verloren – ganz im Gegenteil: Während man früher manche Kleinkinder noch gar nicht richtig mitzählte, weil die Sterblichkeit in dem Alter zu hoch war, entdeckte man nun den Säugling als lernendes Wesen.

Dass unsere Mütter und Großmütter auch schon unter Druck standen, ist aus ihren Erzählungen zu hören. So fand eine der Ur-Omas meines (Anja) Kindes die vielen bunten Farben, mit denen ich unser Kinderzimmer geschmückt habe, beängstigend. In ihrer Generation hatte man die Kinder in möglichst reizarme Umgebungen gestellt – eine Art Abstellkammer in Weiß. Und es musste ganz still sein.

Unsere Mütter sind von der damals modernen Forschung zur Flaschennahrung überredet worden, da ja alles viel bequemer, hygienischer und gesünder sein sollte. Wir haben viele Berichte von solchen Müttern gehört, die von Säuglingsschwestern und Ärzten quasi entmündigt wurden. Unsere Großmütter und Mütter standen unter Druck, wie wir heute auch unter Druck stehen – genau wie wir wollten sie es unbedingt richtig machen! Dass wir heute mit dem schnellen Informationsfluss Einblick in neueste Forschungen haben, macht es oft nicht leichter.

Glückliche Kinder und glückliche Eltern

Aber was ist denn nun »richtig«? Wenn man die Fragestellung reduziert, kommt man auf eine kleine Einheit: Eltern und Kind. Sie, die Eltern, sind für Ihr Kind verantwortlich. Die meiste Zeit des Tages. Eine lange Zeit. Und ganz allein. Was scheren Sie letztlich die Experten, wenn Ihr Kind zum 30. Mal nachts aufwacht? Es gibt eine Menge Tipps und Tricks und Erfahrungen, die wirklich weiterhelfen, doch ganz am Ende stehen Sie – und Sie müssen auf Ihr gesundes Bauchgefühl hören können.

Hören Sie in jeder Situation erst einmal in sich hinein! Was ist denn Ihr Instinkt, womit geht es Ihnen gut, auch auf längere Sicht? Geht es Ihnen gut, geht es (meist) auch Ihrem Kind gut!

Umgekehrt: Geht es Ihnen schlecht, dann geht es auch Ihrem Kind schlecht. Daher ist es so wichtig, dass Sie nicht nur nach Möglichkeiten suchen, Ihrem Kind das Leben zu erleichtern, sondern Sie müssen auch viel für sich tun!

»Gesundes Bauchgefühl« heißt auch, dass Sie Situationen ehrlich bewerten – das macht Ihre Erziehung authentisch und für Sie angenehmer.

Finden Sie die Art von Erziehung, die zu Ihnen und Ihrem Kind passt, und sortieren Sie Abgeschautes aus, wenn es Sie nicht beide aufblühen lässt. Denken Sie über Ihre Eltern und deren Erziehung nach (siehe Kasten) und dann über Ihre Großeltern … Man wiederholt manche Dinge oft unbewusst. Übernehmen Sie das Gute, sortieren Sie das Schlechte aus. Was sind die positivsten Erinnerungen, die Sie an Ihre eigenen Eltern haben? War es ein bestimmtes Verhalten, liebgewonnene Rituale, die Sie als Kind genossen haben? Was hat Ihnen als Kind gutgetan, und können Sie das auch Ihrem Kind bieten? Kleine positive Gesten machen Ihre Erziehung für Ihr Kind einmalig: ein bestimmtes Buch, über den Kopf streicheln, Grießbrei am Abend.

Jede Familie ist ein eigener Kosmos und sollte sich stabil um sich selbst drehen können – wenn's hakt, hat man vielleicht zu sehr nach außen geguckt.

Rückschau und Vorschau am Geburtstag

Führen Sie am Geburtstag Ihres Kindes ein ganz privates Ritual ein. Nutzen Sie eine Stunde an diesem besonderen Tag zur Rückschau und Vorschau darauf, was für eine Mutter, was für ein Vater Sie sind – und wie Sie gern sein würden. Denken Sie auch an die Vorbilder und Werte, die Sie geprägt haben. Und: Welche Vorstellungen hatten Sie vom Mutter- oder Vater-Dasein, als Ihr Kind unterwegs war? Was hat sich davon erfüllt – und was ist ganz anders gekommen? Ist es gut so, wie es gekommen ist? Was sollte sich ändern? Versuchen Sie, ganz aus sich zu schöpfen und sich nicht mit anderen Eltern bzw. Familien zu vergleichen.

»So hatte ich mir das nicht vorgestellt« – Tabu-Themen

Manche Eltern sind besonders zu Beginn der Trotzphase isoliert. Die bisherige Umgebung (zum Beispiel der Arbeitsplatz) ist nicht mehr da, man lebt in anderen Zeitzonen als seine Freunde (Geburtstag am Abend ab 20 Uhr? Undenkbar!). Überhaupt ist man ständig müde und schon das Anziehen des Kindes ist ein Kraftakt … Sie brauchen Kommunikation! Da ist es gut, dass es so viele PEKiP-, Still-, Krabbel- und sonstige Gruppen gibt: Es tut einfach gut, mit Menschen zusammenzusein, die die gleichen Probleme haben. Vielleicht gibt es in Ihrer Nähe ein Familienzentrum, das Angebote für junge Eltern hat. Manchmal reicht es schon, zu sehen, dass das, was Ihnen und dem Kind gerade widerfährt, den anderen genauso passiert – es ist ganz normal! Es ist, gerade für Mütter, immer in Ordnung, sich bei anderen Müttern über Stress mit dem Kind auszuweinen, über die Trotzanfälle, die die letzten Nerven rauben, oder über die Figur, die noch nicht wieder so aussieht wie vor der Schwangerschaft.

»Wir können über alles reden« – aber nicht darüber?

Außerhalb der allerengsten Freundschaften gibt es bestimmte Tabu-Themen, die »frau« besser nicht anspricht, die aber allen Eltern zu schaffen machen. Dazu gehören zum Beispiel Verzweiflung, abgrundtiefe Erschöpfung, Anflüge von Depression und Gedankenkarussells, unter denen Sie leiden, die Sie aber nicht abstellen können. Ganz wichtig für Eltern ist deshalb die »Psychohygiene«, so furchtbar das Wort auch klingen mag.

Täglich die Seele pflegen

Tun Sie jeden Tag wenigstens ein bisschen etwas für sich – und unbedingt Dinge, bei denen Sie innerlich zur Ruhe kommen (siehe auch »Müttertausch«, Seite 119). Probieren Sie Aktivitäten aus, die Ihr Hirn durchspülen, wie freie Meditation (Seite 122 und 146), therapeutisches Malen (Seite 133) oder Schreiben (Seite 134).

… und raus aus dem Kopf klettern!

Und auch das Gegenteil ist wichtig: Jeden Tag Aktivitäten einbauen, die Sie ganz »raus aus dem Kopf« bringen – raus aus der reinen Vorstellungskraft (»was müsste ich / könnte ich / will ich tun / was steht an heute, morgen, nächsten Monat …«) und hin zu einem Nur-den-Körper-Spüren! Gehen Sie klettern, hüpfen Sie auf einem guten Trampolin, bis Sie nicht mehr können, hangeln Sie sich auf dem Spielplatz an einer Stange entlang … Machen Sie Liegestütze, wenn die negativen Gedanken gar nicht verstummen wollen.

Wohlgemerkt, wir meinen Gedankenkarussells im Sinne von: Es spuken Ihnen immer wieder die gleiche Selbstkritik und Selbstvorwürfe im Kopf herum. Konstruktive Gedanken sind erlaubt, auch wenn sie Sie vielleicht ängstigen. Denn Veränderung macht instinktiv Angst; wer sich da durchbeißt, wird belohnt. Damit Sie das packen, ist es am besten, sich zu überlegen: »Was genau ist mir unangenehm? Was will ich eigentlich stattdessen?« Wenn Sie allein keine Lösungen finden, holen Sie sich Hilfe.

Lassen Sie sich helfen!

Zögern Sie in jedem Fall nicht, sich professionelle Hilfe zu holen, wenn es Ihnen häufiger schlecht geht oder Sie ein negatives Gedankenkarussell im Kopf nicht abschalten können!

In Deutschland ist es leider immer noch ein wenig mit einem Makel behaftet, wenn man »zur Therapie« geht. Zum Glück wird es auch hier langsam zur Normalität, sich auf mentaler bzw. emotionaler Ebene genauso helfen zu lassen, wie man bei anhaltenden Schmerzen einen Arzt aufsucht. Wenn Sie ein mulmiges Gefühl dabei haben, die Therapie zu erwähnen, nennen Sie es Freunden gegenüber »Coaching«, oder Ihr Arzt hat bei Ihnen »Burn-out-Symptome« entdeckt und Sie arbeiten jetzt daran. Was »man« von Ihnen denkt, sollte Sie nicht davon abhalten, die Hilfe zu suchen, die Sie benötigen! Ein trotzendes Kind bringt bei allen Eltern mehr Druck auf den Kessel – da sollte man jede Möglichkeit in Anspruch nehmen, durch die es einem besser geht. Kirchliche Einrichtungen und Hilfswerke bieten übrigens kostenlose Familien- und Paartherapien an!

SOS? Schnell abschalten und Kraft tanken

Ihnen langt's, Ihre Nerven liegen blank? Hier finden Sie Ideen für den Notfall, von Bienen-Atmung über Lolli-Maulstopfer bis Yoga-Kurzübungen.

- »Es langt jetzt!« Wenn's Ihnen reicht, dann sagen Sie das. Sofort! Setzen Sie Grenzen und zwar knapp und deutlich formuliert.
- Wenn Sie das Gefühl haben, »Es geht nichts mehr. Game Over«, setzen Sie sich zur Not selbst in die Auszeit, nicht das Kind. Dem Kind den Timer in die Hand drücken, auf fünf Minuten gestellt – »Ich muss jetzt eben fünf Minuten still in dem Zimmer sitzen und mich abregen.«
- Adrenalin verbrennen: Laufen, Gartenarbeit mit Vehemenz, Kissen schlagen, Trampolin springen!
- Ablenkung ist Trumpf: Wenn Sie nicht mehr können, muss die gute Pädagogik mal hintanstehen. Beschäftigen Sie Ihre

Wie zahle ich einen Therapeuten? Trägt das die Kasse? Und wie funktioniert eigentlich Therapie?

Mehr Infos unter
www.land-der-abenteuer.de/
trotzphase-therapeut

145

Kinder, schaffen Sie sich Freiräume! Eine halbe Stunde DVD-Gucken, oder Handy-Spielen schadet Ihren Kindern weniger, als wenn sie den ganzen Tag mit einer entnervten Mama zu tun haben, die keine Kraft mehr hat!

- Papa und Opa müssen ran: Denken Sie nicht immer nur an weibliche »Kinderflüsterer«. Bringen Sie die männliche Verwandtschaft des Kindes auf Trab und auf männerfreundliche Event-Ideen: Ausflüge in die Waschanlage, die große Buchhandlung mit Spielecke, »Männertreffen« mit anderen Vätern und ihren Kindern ...

- Schnell abschalten und Kraft tanken: Legen Sie in ein Regalfach ein schönes Sitzkissen, eine Bienenwachs- oder Duftkerze auf einem feuerfesten Teller, ein Feuerzeug. Ist Ihr Kind für einen Moment beschäftigt, setzen Sie sich mit dem Kissen auf den Boden, zünden die Kerze an und schauen Sie in das Licht. Konzentrieren Sie sich nur auf die Flamme, lassen Sie alle Gedanken einfach vorbeitreiben. Machen Sie ganz tiefe Atemzüge, gleich lang aus- wie einatmen, vielleicht die Bienenatmung – aber ganz leise, damit es nicht zu spannend fürs Kind klingt. (Bienenatmung: www.land-der-abenteuer.de / bienenatmung-meditation)

- Ganz wichtig: Singen! Singen ist so effektiv, dass es wissenschaftlich erwiesen gegen ausgewachsene Depressionen hilft. Singen Sie mindestens ein Lied pro Tag zusätzlich zum Schlaflied fürs Kind.

Gleich jetzt, wenn Sie die Schnauze so richtig voll haben! Es hat ja keiner gesagt, dass es ein nettes Lied sein muss ... (Mehr Tipps finden Sie auf www.land-der-abenteuer.de / singen-gegen-erschöpfung-und-stress)

- Baden beruhigt: Reichlich Bachblüten oder einen dicken rosa Salzkristall (Himalayasalz) ins Wasser fallen lassen und auflösen. Wäscht nicht nur Sie sauber, sondern auch Ihre Energien. Sie fühlen sich wie neu geboren!

- Kräftig Haare bürsten! Mit einer Bürste mit abgerundeten Holz- oder Naturborsten zunächst zwei Minuten kopfüber, dann eine Minute aufrecht von der Kopfhaut bis zu den Haarspitzen schlechte Stimmung/Energien und Verspannung ausbürsten. Drei Minuten Haarebürsten pro Tag sollen das Beste für schöne Haare sein – Sie leiten also nicht nur schlechte Laune aus, sondern tun auch etwas für sich.

- Zitrusdüfte heben die Laune. Ätherische Öle von Zitrusfrüchten verdampfen lassen oder Zitronenlimonade selbst machen – das Auspressen der Zitronen hilft auch beim Aggressionsabbau.

- (Green) Smoothies, mit Maca-Pulver zubereitet. Die Maca-Wurzel, mit Jod und Magnesium, soll besonders wohltuend für dauergestresste Menschen sein, die eventuell auch noch unter Schlafdefizit leiden.

- Einen digitalen Bilderrahmen bespielen mit Fotos, die inspirieren (Traumstrände, schöne Farben, bunte Cupcakes) plus Star-Fotos von Ihnen plus alle Fotos, bei denen Sie denken »Oh, ich habe die tollsten Kinder der Welt!«. Lassen Sie diesen bunten Reigen an einem Ort abspielen, den Sie den ganzen Tag immer mal wieder im Auge haben.

- Musik entspannt – wenn man weiß, wie. Laut einer Studie der Universität Witten-Herdecke entspannt langsame Musik körperlich erschöpfte Menschen. Fühlen Sie sich aber total angespannt, müssen Sie erst mal »runterkommen«, damit die Musik bei Ihnen wirken kann. Stellen Sie sich eine Playlist zusammen mit zunächst zehn Minuten schnellerer Musik. Und erst nach lautem Mitgrölen und wildem Tanzen schließen Sie zehn bis 20 Minuten mit einer »echten« Entspannungsmusik an.
- Wundermittel Bienenwachs: Der Duft von Bienenwachskerzen hilft gegen Verspannungen und Verstimmungen. Vielleicht, weil der Duft uns an warme Milch mit Honig erinnert? Frust wegkneten und die positiven Effekte des Bienenwachsduftes erleben können Sie mit Knetbienenwachs.
- Kauen Sie die Bachblüten-Rescue-Gummibärchen Ihrer Kinder!
- Spendieren Sie eine Runde leckere Lollis für alle, Sie inklusive. Bedingung: Keiner labert, bis der Lolli alle ist (Kauen gilt nicht). Genießen Sie die geschäftige Zwei-/Dreisamkeit.

Diplom-Psychologin und Yoga-Lehrerin Tanja Hummel empfiehlt eine Reihe von Yoga-Übungen, um zur inneren Ruhe und Balance zurückzufinden. Unsere drei Lieblings-Übungen für Eltern am Rande der Nerven:

Yoga-Kurzübung I: Stellung des Kindes. Auf einer Matte knien, die Beine ein wenig gespreizt, den Oberkörper auf den Oberschenkeln ablegen, bis der Kopf mit der Stirn auf der Matte ruht (eventuell Kissen unterlegen). Die Arme locker neben den Beinen nach hinten ausstrecken, bis sie die Füße berühren – und durch die Beine hindurch nach hinten schauen. Bewusst ruhig atmen. Alle Gedanken einfach kommen und gehen lassen.

Yoga-Kurzübung II: Die Kriegerin. Eine Anleitung mit Foto finden Sie auf www.land-der-abenteuer.de/yoga-kriegerin oder auch ganz schnell über Google/YouTube. Alle Krieger-Varianten wirken nicht nur ausgleichend und stärkend, sondern helfen auch, Selbstvertrauen aufzubauen.

Yoga-Kurzübung III: Balance-Übungen auf einem Bein. Diese Übungen bringen Sie ins Gleichgewicht zurück. Auf einem Bein stehen, das andere langsam anheben, in Zeitlupe nach hinten führen, nach vorne, zur Seite, den Oberkörper nach vorne absenken, bis Sie parallel zum Boden sind ... etc. Jeweils ein paar Atemzüge in der Position verweilen und versuchen, nicht umzufallen. Immer beide Seiten üben.

ANHANG

Homöopathische Mittel für Kinder in der Trotzphase

In der folgenden Liste ist das Leitsymptom blau gedruckt, die weniger wichtigen Aspekte stehen in normaler Schrift. (Ausnahme: Barium carbonicum – hier gibt es kein klares Leitsymptom.) Trifft eine blau gedruckte Aussage auf Ihr Kind zu, passt das Mittel vermutlich gut, auch wenn eventuell einige der anderen Symptome des Mittels nicht passen. Die genannten Typen sind nur Beispiele – das Mittel kann auch für andere Kindertypen passen.

Nicht jedes hier aufgeführte Mittel entspricht einem bei uns beschriebenen Kindertyp. Wir haben die Mittel trotzdem aufgenommen, weil sie bei der Behandlung von Kindern hilfreich sind und Sie Ihr Kind vielleicht in einem der Typen wiederfinden.

Mehr zur Homöopathie bei Kindern finden Sie auf den Seiten 28–30.

Gemeint ist im Folgenden immer die Potenz *D6*.

Belladonna

z. B. für Sirenen
1. plötzliches Eintreten von Beschwerden
2. explosive Ausbrüche mit hochrotem Kopf
3. Zustände kommen in Wellen (an- und abschwellend)

Calcium carbonicum

z. B. für Grantl-Könige, die lautstark sind
1. Wutanfälle ohne Grund, mit lang anhaltendem Gebrüll
2. Sturheit: Du kannst mich nicht zwingen? Aber passiver Widerstand.
3. wählerischer Esser
4. in der Entwicklung eher langsam, aber gründlich
5. Nachtschweiß, vor allem am Kopf

Sulphur

z. B. für Seemänner
1. beklagt sich über Wärme und Brennen
2. sehr aktiv bis zur Rastlosigkeit
3. streitsüchtig, mit Geschrei und Fußaufstampfen, aber schnell beruhigt
4. will alles »selber machen«
5. redet ununterbrochen

Natrium muriaticum

z. B. für stumme Druckser
1. traurige / reizbare Grundstimmung
2. kommt nicht mit der Sprache raus – ist aber beleidigt, dass man nicht weiß, was er / sie will
3. lässt sich schlecht trösten
4. kann sich nicht entschuldigen
5. wird wütend bei Ungerechtigkeiten

Sepia

z. B. für kleine Schiedsrichter/innen
1. eher träge
2. klagt viel
3. streitet bei Widerspruch
4. besser durch Schlaf

Phosphor

z. B. für ein Showtalent, Sirenen
1. liebevolles, zärtliches Kind
2. Schauspieler, manchmal ist auch der Trotzanfall nicht echt
3. tanzt, drückt mit dem ganzen Körper Gefühle aus
4. Besserung durch kaltes Wasser (als Getränk oder im Gesicht)

Pulsatilla

z. B. für Heulbojen
1. harmonieliebende, sanfte Kinder
2. wirkt häufig bei Mädchen
3. schüchtern und anhänglich
4. weint schnell

Tuberculinum

z. B. für Widder, Barbaren, Seemänner
1. rastlose Kinder, fast hyperaktiv
2. eher zierlich
3. häufig wechselnde Symptome
4. häufig wechselnde Leidenschaften
5. kann im Trotzanfall zerstören, beißen, treten

Chamomilla

z. B. für Nörgel-Prinzen und -Prinzessinnen
1. gereiztes, empfindliches Kind, ewig nörgelnd
2. will in/auf den Arm und getragen werden
3. am schlimmsten zwischen 21 Uhr abends und Mitternacht

Arsenicum album

z. B. für Seemänner
1. ungeduldig, nervös, voller Energie
2. ehrgeizig
3. regt sich auf, wenn die Dinge nicht »richtig« gemacht werden
4. oft hochintelligent, sehr schlagfertig

Argentum nitricum

1. furchtsame, zaghafte Kinder
2. Ursachen von Problemen sind oft erst über Umwege zu erfahren
3. lebhafte Fantasie (»Was wäre wenn?«, häufig Katastrophenszenarien)
4. Stimmlosigkeit bei Angst (Lampenfieber)
5. wirft sich kreischend auf den Boden oder trommelt sich auf die Brust beim Trotz

Lachesis

z. B. für kleine Winkeladvokaten / innen
1. leidenschaftliche Kinder
2. eifersüchtig
3. haben viele Wünsche und sagen gerne ihre Meinung (werden wütend, wenn sie die Wünsche nicht erfüllt bekommen)
4. interessieren sich für andere Menschen und Beziehungen, sind dabei aber manchmal berechnend

Medorrhinum

z. B. für Seemänner

1. Überschwänglich bis zur Kopflosigkeit
2. Informationen müssen in Handlungen umgesetzt werden (die Kinder fassen trotz Warnungen an die heiße Ofenplatte)
3. ungeduldig
4. aggressiv durch Strukturlosigkeit
5. braucht Herausforderungen

Lycopodium

z. B. für kleine Schiedsrichter / innen

1. selbstsicher
2. emotionale Distanz ist wichtig (tun Bestrafungen mit Schulterzucken ab)
3. trotzt eher selten, meist bei Widerspruch

Causticum

z. B. für kleine Winkeladvokaten / innen

1. ist gerne in Gruppen
2. sehr mitfühlend
3. erwartet Gerechtigkeit

Thuja

z. B. für Grantl-Könige / -Königinnen

1. gedeiht schlecht als Säugling
2. hasst Veränderungen
3. schläft schlecht ein, wacht schlecht auf
4. realitätsfern, unaufmerksam
5. widersprüchliches Verhalten

Silicea

1. schüchtern
2. zieht sich bei Widerspruch zurück
3. hat klare Meinungen, ist aber wählerisch
4. gewissenhaft

Barium carbonicum

z. B. für kleine Heulbojen

1. furchtsam
2. emotional instabil
3. verzögerte intellektuelle Entwicklung
4. hat Angst vor Ablehnung

Nux vomica

z. B. für Widder und Barbaren

1. reizbar, übererregt
2. beherrschend
3. können schlecht mit Ärger und Frust umgehen
4. brüllen, beißen, schlagen, toben beim Trotz
5. gut bei nervösem Durchfall

Ignatia

1. nervös
2. schnelle Handlungen
3. emotional sensibel
4. unterdrückter Kummer (gut gegen Heimweh)

Außerdem sollte in einer gut-sortierten Heimapotheke immer ARNICA D6 bereitliegen. Für alle Verletzungen und als Notfallmittel: körperlich, aber auch seelisch.

Buch-, Hörbuch- und Spiele-Tipps für Kinder

Hier ein paar Tipps für die schnelle Beschäftigung der Kinder während Ihrer Verschnaufpause.

Bücher, Hör- und Mitmachbücher

»Wieso? Weshalb? Warum?« als Klappenbücher und auf CD. Für Kinder unter 5 Jahren besser die Junior-Variante als CD, da die regulären CDs um die 70 Minuten lang sind und die Infos zu abstrakt für kleinere Kinder.

»Conni«-CDs: zum Beispiel »Conni backt Pizza«, »Conni lernt Rad fahren«. Zwei Folgen auf einer CD dauern zusammen 30 Minuten. Perfekte Länge für Kinder ab 3 bis 4 Jahren.

»Max«-Bücher und -CDs (zum Beispiel »Max übernachtet bei Pauline«, »Max macht das Seepferdchen«). Besonders die CDs sind sehr schön gemacht, mit Zusatzinfos und Humor. Zwei Folgen auf einer CD dauern 30 Minuten. Perfekt ab ca. 4 Jahren.

»Ritter Rost«: Musik, Musical und Mitsingen für kleine und große Kinder. Von Jörg Hilbert und Felix Janosa, Terzio Verlag. Gibt es zum Hören und Anschauen.

Mitmachbücher, zum Beispiel mit kindertauglichen Magneten (»Der magnetische Bauernhof« von Axel Scheffler).

Mitmachbücher zu Kinderbuchklassikern, zum Beispiel das Grüffelo. Meist Hefte, in denen die Kinder Klebebilder zuordnen und andere Lernspiele zu ihrem Lieblingsbilderbuch machen können.

Tiptoi- oder Ting-Bücher und -Produkte, z. B. der tolle Kinder-Brockhaus mit Ting-Stift (schade, dass der Stift so reparaturanfällig ist). Die in den Bildern des Buches versteckten Geräusche, kleinen Geschichten, Lieder auf Deutsch und Englisch sprechen Kinder zwischen 2 und 6 Jahren sofort an und bieten lange Unterhaltung am Stück.

Spielen und Bauen

Turmbauer

»Tier auf Tier« von Haba. Für Kinder ab ca. 4 Jahren. Mit Solospiel-Variante. Trainiert die Feinmotorik und auch ältere Kinder können gar nicht genug kriegen von den Stapelversuchen.

Bewegungsspiele

Spielhäuser, Stofftunnel, Schaukel, Sofakissen, große Pappkartons, Schaukelpferde, Hüpftiere – gern auch alles arrangiert als Hindernisparcours durchs Wohnzimmer.

Lego I: Spiele

Von Lego gibt es viele Spiele, bei denen man selbst den Würfel »tunen« und die Spielregeln und das Spielfeld verändern oder erweitern kann. Dadurch, dass die

Kinder zunächst das Spielfeld aus Lego bauen, sind sie einige Zeit mit dem Spiel beschäftigt – was Ihnen eine kleine Verschnaufpause bietet.

Einige der Lego-Spiele, die offiziell ab 5 und 6 Jahren sind, sind so simpel, dass Sie sie auch mit Ihren Vierjährigen schon mal ausprobieren können (zum Beispiel »Shave the Sheep«, »Pirate Plank«). Passen Sie einfach Regeln und Spielaufbau der Motorik und Reife Ihres Kindes an.

Lego II: Bausätze

Große Empfehlung: die kleinen 3:1-Bausätze. Eigentlich für Kinder ab 5 Jahren, aber auch schon ab 4 möglich. Investieren Sie ein paar Monate Zeit, um Ihrem Kind das Prinzip des Bauens nach Lego-Anleitung beizubringen. Kann es das schon, erwacht meist der Ehrgeiz, es allein hinzukriegen. Im Internet finden Sie viele Lego-Bauanleitungen, die Sie ausdrucken können.

Playmobil

Vor allem die »Mitnehm«-Sets (Bauernhof, Pirateninsel ...) können wir empfehlen; es gibt sie inzwischen für sehr viele Spielwelten, oft auch günstig gebraucht. Die kleinen Magnetsets wirken hingegen nur auf den ersten Blick praktisch; sie sind für die meisten Kinderfinger zu winzig, um mit ihnen unterwegs wirklich spielen zu können.

Feinmotorik

Malutensilien: Mandalas zum Ausmalen, verschiedene Papiersorten und Stifte, Wasserfarben, Wachsmalstifte, Fingerfarben, Straßenkreide, Malbücher, Stempel, Aufkleber, Knetmasse, Perlen zum Fädeln, Magnetspielzeug, Spielzeug zum Zusammenstecken, Playmais, besonders für die Kleinsten: Holzpuzzles, dicke Klötzchen-Quader aus Holz.

Naturtagebuch

Anregungen und Ideen finden Sie u. a. beim Naturschutzbund unter www.bundjugend. de / der-naturtagebuch-wettbewerb-2012-startet und www.bundjugend.de / mitmachen / naturtagebuch / materialien-fuer-das-naturtagebuch. Der Wettbewerb und die Materialien sind für Kinder zwischen 8 und 12 gedacht, aber Sie als Eltern können sich auch für jüngere Kinder Anregungen herausziehen, so sind u. a. bei dem Material für 2012 auch Ideen für ein Naturtagebuch für die Stadt dabei.

Apps

Die Apps finden Sie im Play Store / Google Play (Android) oder App Store (iPhone / iPod Touch / iPad). Es sind bisher nicht alle Spiele auf beiden Plattformen erhältlich, am besten nach dem Namen suchen.

- Auf dem Bauernhof (iOS)
- Connect the Dots von intellijoy (viele Varianten, gutes Englischtraining. Android)
- Cut the Rope (frühestens ab 5 Jahren! Läuft auf iOS, Android)
- Die Waldfibel (iOS, Android)

- Talking Tom / Sprechender Kater Tom (oder ein anderes der »sprechenden« Tiere. Kinder können sich da stundenlang kaputtlachen ... Läuft auf iOS, Android. Nur unter Aufsicht spielen lassen, wegen der Werbeeinblendungen, die mit einem Klick aufgerufen werden können.)
- Tap the Frog (iOS, Android. Am besten spielbar auf einem iPad.)
- Schlaf gut, kleines Schaf! (Auf Deutsch und Englisch; ab 2 Jahren. Richtig süß gemacht: Tiere ins Bett bringen.)
- Wimmel Apps, zum Beispiel »Jahrmarkt« (iOS. Deutsche Webseite: www.wimmel-app.com)

Literatur-, Website- und Einkaufs-Tipps für Eltern

Literatur-Tipps

- Anderson, Susan: *Porno für Mütter. Wovon Frauen mit Babys wirklich träumen*, Knesebeck 2008 (Mehr ein Bilderbuch für Frauen, aber süß.)
- Biddulph, Steve; Biddulph, Shaaron: *Lieben, lachen und erziehen in den ersten sechs Lebensjahren,* Heyne 2002 (Kein Ratgeber in dem Sinne, sondern ein Buch, »das Elternherzen guttut«, mit vielen Anekdoten.)
- Cameron, Julia: *Der Weg des Künstlers. Ein spiritueller Pfad zur Aktivierung unserer Kreativität,* Droemer Knaur 2009
- Cameron, Julia: *Schreib dich schlank: Der kreative Weg zum Wohlfühl-Ich,* Droemer Knaur 2008 (Interessante Übungen für Menschen, denen Camerons »Weg des Künstlers« zu sehr auf Kreativarbeiter zugeschnitten ist. Allerdings muss man viele von Camerons Kommentaren über Essen, Gewicht, Abnehmen am besten ignorieren, da sie scheinbar eine in den USA leider weit verbreitete Hass-Liebe zum Essen hat.)
- Cierpka, Manfred: *Faustlos. Wie Kinder Konflikte gewaltfrei lösen lernen*, Herder 2011 (Informationen zum Programm und Praxisberichte finden sich auf www.faustlos.de.)
- Connor, Janet: *Writing Down Your Soul. How to Activate and Listen to the Extraordinary Voice Within*, Conari Press 2008 (Leider nicht auf Deutsch erhältlich.)
- Coulter, Catherine R.: *Die großen Kindermittel in der Homöopathie. Treffende Typenbilder für Kinder und Jugendliche*, Narayana, 2. Aufl. 2012
- FloraCura (Hrsg.): *Der Bach-Blüten Leitfaden*, FloraCura, 11. Aufl. 2011 (u. a. mit Beschreibungen der australischen und kalifornischen Essenzen.)
- Grunert, Ulrike; Grunert, Detlef: *Einfach meditieren. Ihr Weg zur absoluten Entspannung. Fünf Meditationstechniken für alle Sinne*, Droemer Knaur 2007 (mit CD)
- James, Stephen; Thomas, David: *Wild Things. The Art of Nurturing Boys,* Tyndale House Publishers 2009 (Leider noch nicht auf Deutsch erhältlich.)
- Karp, Harvey: *Das glücklichste Kleinkind der Welt. Wie Sie Ihr Kind liebevoll durch die Trotzphase begleiten*, Goldmann 2010

- Kast-Zahn, Annette: *Jedes Kind kann Krisen meistern. So helfen Sie Ihrem Kind, Entwicklungsprobleme sicher zu bewältigen*, Gräfe und Unzer 2006 (Ein wirklich sehr hilfreiches Buch, so finden wir zumindest.)
- Kunze, Petra; Schmiedecke, Gerald: *Jungs. Wie Eltern glückliche Söhne erziehen*, Droemer Knaur 2006
- Kutik, Christiane: *Entscheidende Kinderjahre. Ein Handbuch zur Erziehung von 0 bis 7*, Freies Geistesleben, 5. Aufl. 2012
- Mansbach, Adam: *Verdammte Scheiße, schlaf ein!,* DuMont, 5. Aufl. 2011 (Nein, eher nicht zum Vorlesen. Aber zum Eltern-Seele-Streicheln. Uns gefällt am besten das US-Original vorgelesen von Noni Hazlehurst; nachschauen bei YouTube unter »Go the Fuck to Sleep read by Noni Hazlehurst«)
- McClure, Vimala: *The Tao of Motherhood*, New World Library 1997 (Ein wunderbares Buch für Eltern, leider bisher nicht auf Deutsch übersetzt. Immer wieder eine Seite lesen und nachspüren, was diese Ermutigung in Ihnen auslöst, was Sie von den Tipps umsetzen können.)
- Messmer, Rita: *Ihr Baby kann's! Selbstbewusstsein und Selbstständigkeit von Kindern fördern*, Beltz, 4. Aufl. 2009
- Nussbaum, Cordula: *Familien-Alltag locker im Griff.* Gräfe und Unzer 2013 (Die Autorin ist spezialisiert auf das Thema »Zeitmanagement und Organisation für kreative Chaoten« und selbst Mutter, daher bietet sie viele wirklich hilfreiche Tipps.)
- Prekop, Jirina: *Der kleine Tyrann. Welchen Halt brauchen Kinder?* Mosaik bei Goldmann, 3. Aufl. 2006
- Rogge, Jan-Uwe: *Kinder dürfen aggressiv sein*, Rowohlt-TB, 4. Aufl. 2007
- Schmidt, Sigrid: *Bach-Blüten für Kinder*, Gräfe und Unzer, 2. Aufl. 2010
- Sher, Barbara: *Du musst dich nicht entscheiden, wenn du tausend Träume hast*, dtv 2012 (Ein tolles Buch mit Tipps für alle »Scanner«. Das sind Menschen, die sehr viele Interessen und Projekte zu vereinbaren versuchen. Als Eltern ist man gezwungenermaßen ein Scanner, denn Zeitbudget und Hobbys sind schwierig unter einen Hut zu bringen.)
- Stadelmann, Ingeborg: *Bewährte Aromamischungen. Mit ätherischen Ölen leben – gebären – sterben*, Stadelmann, 4. Aufl. 2006
- Zimmermann, Monika: *Kinder spielerisch zur Ruhe führen*, Gräfe und Unzer 2001 (Ein wunderbares Buch mit kurzen Ruhe-Übungen für Kinder ab etwa 3/4 Jahren, inklusive Bewegungsspielen, Wasser-, Feuer-, Luft-»Reisen« u.v.m. Zurzeit nur gebraucht erhältlich.)

Website-Tipps

- www.ahaparenting.com – Dr. Laura Markhams Webseite für Eltern (Englisch)
- Deutscher Kinderschutzbund e.V., www.dksb.de, Tel.: 05 11 / 30 48 50, um Adressen von Einrichtungen zu erhalten, die Ihnen in schwierigen Familien-Situationen weiterhelfen können.

- www.flimmo.tv – auf einen Klick für Kinder geeignete Programme finden, nach Alter geordnet
- www.in-dir.de – Webseite von Tanja Hummel, Diplom-Psychologin, Coach und Yoga-Lehrerin in Essen-Rüttenscheid
- Nummer gegen Kummer / Eltern-Sorgentelefon: 0800 / 111 0550; www.nummergegenkummer.de
- http://upstreamparenting.com (Webseite von Kim Corrall, auf Englisch, mit schönen Tipps für Eltern.)

Einkaufs-Tipps

»Natural Stress Relief« von Dan Gibson (CD, MP3).

»Polynesian Spa« von Dan Gibson (MP3, zum Beispiel über Amazon. Die »Spa«-Reihe (eigentlich gedacht für Wellness-Anwendungen) gibt es in verschiedenen Stilrichtungen, zum Beispiel auch »Mountain Spa« etc.)

www.etsy.com (auf »Deutsch« und »€« einstellen) und www.de.dawanda.com – Retail-Therapy nennen es die Amerikaner, wenn man Frust und Stress durch Shoppen abzureagieren versucht. Bei Etsy und DaWanda muss das nicht unbedingt den Geldbeutel belasten – dort kann man auch einfach schwelgen, sich von Stichwort zu Stichwort hangeln oder eine »Treasury List« anlegen (www.etsy.com / treasury)

Mal- und Kreativzubehör (für Kinder und Eltern)

- www.thecraftbarn.co.uk (aus England, aber mit günstigem Porto. Gute Quelle für Gelmedien und Gesso; zum Beispiel ein Probierset von Studio mit 5 Gesso- und Gelmedien zum Ausprobieren)
- www.kreativ.de (Mal- und Bastelbedarf)
- www.idee-shop.de (Mal- und Bastelbedarf)
- www.funkelkram.de (für Steinchen, Perlchen)
- http:// www.steckenpferdchen.net; http:// www.scrapbook-werkstatt.de (beide: Scrapbooking-Bedarf)
- Ergänzungen und Beispiele zu unserem »Malen«-Kapitel finden Sie unter www.land-der-abenteuer.de / art-journaling

Ergo- oder Manduca-Trage

- www.ergobaby.eu / de / index.php
- www.manduca.de

Bachblüten

Unter www.doc-nature.com und www.bachblueten-shop.com finden Sie neben vielen Sorten Bachblüten auch Beschreibungen der Blüten, u. a. auch von kalifornischen und australischen Essenzen, die eine interessante Ergänzung der Original-Bachblüten sein können.

Register

Die Autorinnen

© FicturePeople

© Chris Weber

Anja Bagus, geb. 1967, hat Psychologie studiert und ist staatlich geprüfte Heilpraktikerin. Sie war bis 2011 Dozentin und Koordinatorin an einer Ausbildungseinrichtung für Erzieher und viele Jahre im Vorstand des Mütterzentrums Essen (MüZe) tätig, wo sie verschiedene Angebote für Mütter mit Babys und Kleinkindern organisierte. Die leidenschaftliche Bastlerin arbeitet als freiberufliche Autorin in Essen und ist Mutter einer neunjährigen Tochter.

Nina Weber, geb. 1973, arbeitete viele Jahre als Lektorin in zwei großen Ratgeber- und Sachbuchverlagen in München, unter anderem in den Bereichen Life-Management und Lebenshilfe. 2006 machte sie sich in Essen selbstständig als Autorin und Schreibcoach. Die Mutter zweier Söhne (sieben und zwei Jahre alt) hat bereits viele Bücher veröffentlicht und schreibt nebenbei Rezepte und Kinderthemen für den Blog »Land der Abenteuer«.

www.seashell-productions.de

Weniger Stress mit Familienkonflikten

Aletha J. Solter
**AUCH KLEINE KINDER HABEN
GROSSEN KUMMER**
Über Tränen, Wut und andere
starke Gefühle
ISBN 978-3-466-30516-2

Albert Wunsch
DIE VERWÖHNUNGSFALLE
Für eine Erziehung zu mehr
Eigenverantwortlichkeit
ISBN 978-3-466-30982-5

Stephanie Schneider
DER KLEINE STREITBERATER
Familienkonflikte lösen mit
Herz und Verstand
ISBN 978-3-466-30980-1

Jesper Juul
DAS FAMILIENHAUS
Wie Große und Kleine gut
miteinander auskommen
ISBN 978-3-466-30920-7

www.koesel.de Sachbücher & Ratgeber